구성주의유아교육학회 생각과 나눔 시리즈 02

구성주의 유아교육 새롭게 보기 2:

놀면서 만나는 흥미, 실험, 협동

양지애 · 김효진

창지사

머리말

구성주의와 유아교육은 떼려야 뗄 수 없는 관계이다. 1980년대 초에 우리나라 유아교육 분야에 구성주의 이론이 도입되었고, 1990년대에 유아교육계에서 주를 이루던 구성주의에 대한 논의는 30년 이상 지속되고 있다. 그렇다면, 유아교육자의 구성주의에 대한 생각과 반응은 어떠할까? 우리는 "이상적이지만 현장에 적용하기 어려운 것이 구성주의라고 생각해요."라고 이야기하는 경우를 쉽게 접하게 된다. 구성주의가 유아교육의 대표적인 이론이라는 것은 틀림없으나 우리가 너무 익숙해져 구성주의를 의식하지 못하고 있는 것일 수도 있고, 구성주의 교육의 본질보다는 기능적 측면에만 관심을 기울이고 있었기 때문일 수도 있다. 따라서 구성주의 교육의 본질에 대한 이해를 토대로 구성주의를 실행하려는 교사들이 교실에서 어떤 경험을 유아와 함께 만들어가는지 살펴보는 것은 매우 중요하다. 구성주의 교육에 대한 이해가 구현되는 구성주의 교실에서는 교수학습과정에서의 교사 역할이 매우 중요하기 때문이다. 문서화된 교육과정을 전달하는 역할 외에도 구성주의 교사는 매일의 일과에 대해 반성적으로 사고하고 고민하는 과정을 통해 질적으로 나은 교육을 향해 노력한다. 즉, 구성주의 교사는 실행자의 역할뿐 아니라 연구자 역할을 동시에 수행함으로써 배움의 공동체 안에서 전문성을 갖춘 교사로 성장해 간다.

본 저서는 이러한 관점에 기초해 기획한 구성주의유아교육학회 「생각과 나눔」 시리즈의 하나로, 「2019 개정 누리과정」 도입 이후 구성주의 교육에서의 생각할 점을 제안하기 위해 '구성주의 유아교육 새롭게 보기'를 주제로 정해 2권으로 구성하였다. 첫 권에서는 구성주의 교육의 이해와 실천을 위한 이론을 정리하였고,

이 책에서는 구성주의 교육원리인 '흥미와 실험 · 협동하기'를 현장에 적용하는 과정과 사례를 제시하여 이론적 이해와 실천이 연계되도록 하였다.

이 책은 구성주의 교육의 원리가 현장에서 어떻게 구현되는지를 살펴볼 수 있는 사례를 소개하는 세 개의 장으로 구성하였다. 구성주의 교육이 이루어지는 현장에서는 유아, 교사, 자연물, 놀잇감, 다양한 놀이 재료, 공간 등 다양한 것들이 관계를 맺고, 흥미, 호기심, 놀라움과 같은 정서와 감각을 활용한 실험과 조작, 사람과 사람 · 사람과 물질 · 공간에서 일어나는 여러 상호작용이 엮여 구성주의 교육이 실천된다. 그리고 여기에는 구성주의를 이끄는 고유한 원리가 작동한다. 특정한 구성주의 교육의 원리를 따로 떼어서 설명하는 것이 어려운 일이지만, 본 저서에서는 '흥미', '실험', '협동'이라는 세 가지 구성주의 교육원리가 잘 드러나는 사례를 선정하여 이러한 원리가 구성주의 교육을 구현하는 과정에서 어떠한 작용을 하는지 보여주고자 하였다.

제1장 〈놀이 속에서 유의미한 학습을 이끄는 '흥미'의 실천〉에서는 구성주의 유아교육의 중요한 원리 중 '흥미'의 원리에 입각하여 유아가 주도적으로 놀이하는 과정에서 배움의 순간을 맞이하고, 지식을 구성하는 과정을 탐색하였다. '흥미'에 대한 사례는 만 3세 하늘반의 '어디로든 갈 수 있는 길' 놀이와 만 5세 기린반의 '내 소중한 친구, 짱구와 꽃순이' 놀이, 만 5세 아카시아반의 '배를 만들어 보자' 놀이이다. 이 사례를 통해 어떠한 계기로, 누구에 의해 주도적으로 놀이가 시작되었는지, 흥미가 놀이의 몰입과 지속에 어떻게 작용하는지, 흥미와 관련된 다양한 생각을 공유하며 어떻게 흥미가 이어져 나가는지를 제시하였다.

제2장 〈실수와 도전으로부터 알아가는 '실험'의 실천〉에서는 구성주의 유아교육의 중요한 원리 중 '실험'의 원리에 따라 놀이 중 실험 상황을 마주하였을 때, 선개념을 기반으로 가설을 설정하고 이를 증명해나가는 과학적 탐구과정을 탐색하였다. '실험' 사례는 만 4세 토끼반의 '떼굴떼굴 뚝 구슬 놀이터' 놀이와 만 5세 힘찬반의 '교실에서 놀이터까지 대형 도미노 만들기' 놀이이다. 두 가지 모두 물리적 지식활동에 관한 것으로, 유아가 실험을 하게 된 계기, 선개념, 실수에 기초한 아이디어가 과학적 지식으로 변하는 과정, 실패를 거듭하면서도 포기하지 않고 조건을 바꾸어 가는 시도에 대해 살펴보았다.

제3장 〈살며 놀며 함께 배워가는 '협동'의 실천〉에서는 구성주의 교육의 중요한 교수 원리인 '협동'의 원리를 생각하며, 공동체교실을 만들고 그 속에서 함께 배워가는 과정을 탐색하고자 하였다. 구성주의 관점에 기초한 공동체교실은 교사와 유아의 삶이 만나는 하나의 장(場)이며, 구성주의 공동체교실에서 일어나는 갈등과 교실 문제는 협동의 긍정적인 자원이다. 다양한 사례를 통해 구성주의 교실의 기본 원리인 '협동'의 원리가 또래 간의 놀이 과정에서 공동의 목적을 달성하기 위해 협력하는 것뿐 아니라 일상생활에서 직면하는 다양한 교실 문제를 해결하는 과정에서 어떻게 작용하는지 살펴보고자 하였다. 이러한 과정에서 공동체교실에서 교사의 위치, 권위 축소 및 이양, 구체적 역할 등이 갖는 의미를 고찰해 볼 수 있었다.

구성주의 관점에서 보면, 교사 역시 완성된 존재가 아니라 반성적으로 사고하고 계속 고민하는 과정을 통해 교사의 모습을 구성해가는 현재형 존재라고 볼 수 있다. 전문가로서의 교사는 지속적으로 변화해가는 교사여야 한다는 기본 관점은 결국 구성주의와 그 맥을 같이 한다고 볼 수 있다. 이러한 맥락에서 본 저서가 구성주의 교육에 관심을 갖고 실천하고자 하는 현장의 교사들이 공감하며 반성적 질문을 던져보길 바라며, 새롭게 시작하는 교사 양성과정의 예비교사들에게도 도움이 되기를 바란다.

이 책을 완성하기까지 많은 분의 도움이 있었다. 제1장과 제2장을 집필할 때 양질의 사례를 주저 없이 허락해 주신 국립공주대학교 사범대학 부설유치원 권이정 원장님, 이창숙 원감님(前), 정현주 선생님과 한신혜원 유치원 홍경란 원장님, 정부세종2청사 아이세상 어린이집 전미봉 원장님과 임슬기 선생님께 감사드린다. 그리고 덕성여자대학교 부속유치원에서 재미있게 함께 놀이한 소중한 나의 제자들에게도 고마움을 전하고자 한다. 제3장의 사례를 위해 현장의 살아있는 이야기와 그 속에서 마주하는 고민을 공유해 주신 새미르 유치원 서에스더 선생님과 망운초등학교 병설 유치원 마인경 선생님께도 감사드린다.

2022년 6월

저자 일동

차례

구성주의 유아교육 새롭게 보기 2:

놀면서 만나는 흥미, 실험, 협동

CHAPTER

01

놀이 속에서 유의미한 학습을 이끄는 '흥미'의 실천

1. 놀이를 지속시키는 힘, 흥미

지금까지 많은 유아교사들은 아동중심교육을 지향하면서도 생활주제와 관련한 환경과 활동을 미리 계획하여 제공함으로써 유아의 흥미를 유도하는 형태로 유아의 경험을 이끌어왔다(김희진, 2017; 정선아, 2004). 교사들은 유아가 흥미를 보이고 재미있어하는 수업이 좋은 수업이라고 여김과 동시에 좋은 수업을 위해 중요한 것은 교사의 철저한 준비라고 생각하는 등 종종 모순된 인식을 보인다. 때로는 학습과 흥미를 분리하여 생각하여 교육활동 시 비밀을 활용하거나 재미 요소를 첨가하고 유아의 관심과 요구를 선택적으로 수용하는 등의 전략으로 흥미 심어주기를 시도하기도 한다(권귀염, 2015; 김안나, 2011). '유아가 찾아낸 진짜 흥미'를 중심으로 놀이가 이루어져 온 반면, 교사가 유아에게 '심어주는 흥미'를 활용해온 것도 사실이다. 양은주(2003)는 "학습할 대상을 흥미롭게 만들어야 한다면 그것은 이미 진정한 흥미가 없는 상태"라고 하였다. 교사가 '심어주는 흥미'는 재미, 즐거움, 호기심과 같은 긍정적인 정서의 영향으로 순간적으로 학습에 몰입하는 효과를 가져올 수 있다. 하지만 이에 익숙해지면 유아 스스로 주체적이고 능동적으로 지식을 구성하고, 이 과정에서 즐거움을 느낄 기회를 제한할 수 있다.

출처: 권귀염(2015) 연구 결과 (그림으로 재구성)

그렇다면 왜 교사들은 흥미를 학습과 이분법적으로 나누어 인식하게 되었을까? 대부분의 유아교사가 흥미에 대한 개념을 처음 접한 것은 예비교사교육 과정이다. 이원영(2007)은 예비교사교육 단계에서 흥미의 중요성과 역할을 강조할 뿐 흥미의 개념과 교육적 적용에 관해 깊이 성찰할 기회를 충분히 제공하지 못한 한계가 있다고 하였다. 이후 현장에서 유아를 만나며 교사들은 흥미의 진정한 가치를 이해하게 되고, 유아의 흥미가 무엇인지, 어떻게 지원해야 하는지를 고민하게 된다. 유아교사는 유아의 흥미를 포착 · 유지하여 어떻게 학습으로 연결할지, 소수의 흥미와 다수의 흥미 중 어떤 흥미를 따라 놀이를 지원할지, 계속 바뀌는 흥미는 어떻게 지원할지, 한 분야에만 흥미가 있는 유아는 어떻게 지원해야 하는지 등 흥미와 관련된 여러 고민을 한다.

진짜 흥미란 무엇일까? 흥미의 사전적 의미는 '흥을 느끼는 재미', '어떤 대상에 마음이 끌린다는 감정을 수반하는 관심'이다. 사전적 의미처럼 흥미는 재미, 즐거움, 신기함과 같은 긍정 정서를 수반한다. Peters(1981; 김무길, 2008에서 재인용)는 즉각적 욕구 및 재미 차원의 심리적 흥미는 정서적 욕망이므로 교육적 가치를 지닌 흥미와 구분해야 하며, 심리적 흥미만으로는 깊이 있는 학습에 도달하기 어렵다고 하였다. 유아의 순간적인 관심을 끌고 즐거움을 주는 심리적 흥미와 구별되는 진정한 흥미는 여러 요소가 결합되어 있으며, 유아를 변화시키는 힘이 있다.

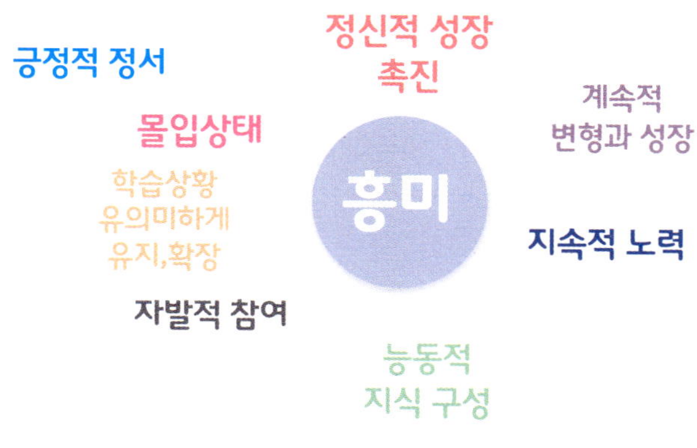

진정한 흥미는 긍정적 정서를 불러일으키고, 이로 인해 자발적인 참여를 이끌며 능동적으로 지식을 구성하는 몰입상태를 가져온다. 이로 인해 학습상황을 유의미하게 유지·확장하고, 지속적인 변형과 정신적 성장을 촉진한다(곽향림, 2015; 권귀염, 2015; 김무길, 2008; DeVries & Zan, 1994; DeVries & Sales, 2014; Dewey, 1901/2011, 1913/1979; Piaget, 1969/1970, 1954/1981).

유아는 타인에 의해 활동이 주어질 때보다 자신이 선택할 때 놀라운 아이디어를 생성한다(DeVries & Sales, 2014). 곽향림(2015)도 '누가 활동을 시작하였는지'가 유아의 내적 흥미에 큰 영향을 미친다고 하였다. 유아가 흥미를 느껴 주도적으로 활동을 시작할 경우, 유아는 다양한 방법으로 아이디어를 실험하고 활동에 몰입한다. 그러나 교사가 제시한 방법을 유아에게 그대로 따르도록 하면 유아는 타율적 상태에 놓이게 된다. 유아의 흥미에서 놀이를 시작하는 것과 흥미를 예측하여 유도하는 것은 유아의 놀이 참여도 및 몰입도, 지속 정도, 경험의 질에서 큰 차이가 있다. 따라서 교사는 관찰을 통해 유아의 진정한 흥미를 발견하고 유아가 자발적으로 놀이 주제, 놀이 장소, 놀이자료, 놀이 상대, 놀이 지속 여부 등을 선택하도록 지원해야 한다. 그리고 유아가 놀이하며 몰입 경험(Shulman, 2002; 임수진, 김윤희, 박형신, 이승하, 장경은, 탁정화, 2019 재인용)을 하도록 충분한 시간과 공간을 제공해야 한다. 이렇게 할 때 유아는 놀이를 하며 배움의 순간을 맞이할 수 있다.

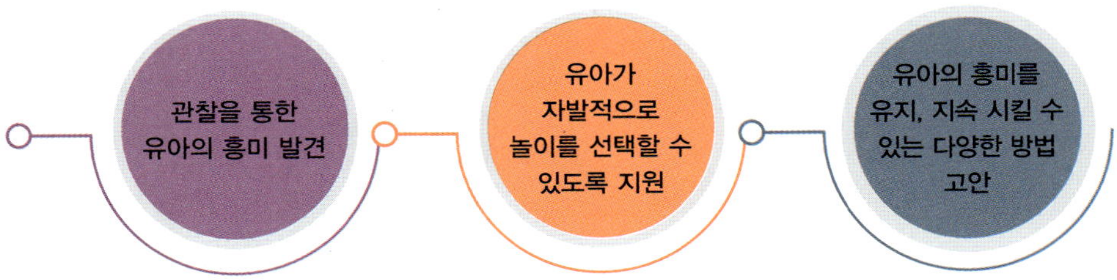

유아의 흥미를 지원하는 방법

다음은 유치원에서 많이 이루어지는 '교통기관'과 '동물'놀이와 관련된 사례이다. 어떠한 계기로, 누구에 의해 주도적으로 놀이가 시작되었는지, 놀이의 몰입과 지속에 흥미가 어떻게 작용하였는지, 이를 위해 교사가 어떻게 지원하였는지를 중심으로 살펴보겠다.

개별유아의 흥미가 다수의 흥미로 확장된
하늘반의 '어디로든 갈 수 있는 길' 놀이

만 3세 하늘반

- 색종이로 만든 자동차와 길로 놀이하기
  → 블록으로 자동차길과 자동차와 관련된 시설 만들어 역할놀이하기

핵심 Point

- 개별유아의 흥미가 다수의 흥미로 확장
- 흥미가 전이(평면 형태 길에서 입체 형태의 길을 구성)되는 과정
- 놀이 주도권을 가진 유아와 공동놀이하며 흥미가 확산
  → 여러 유아의 자발적인 참여

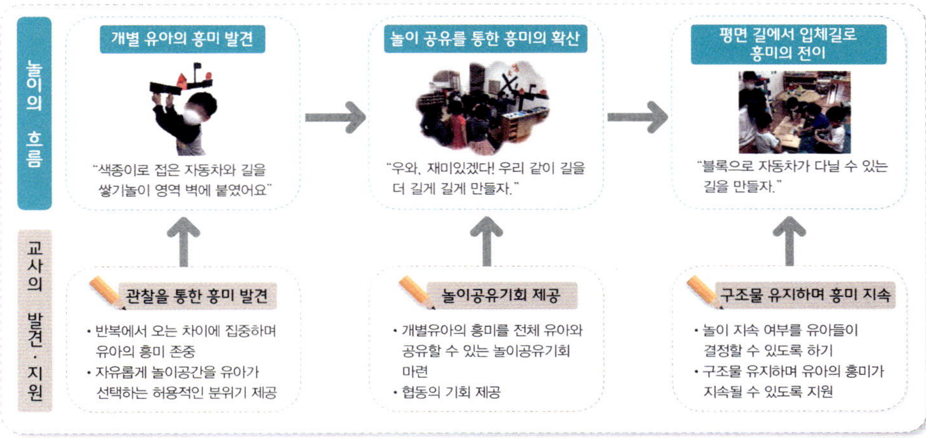

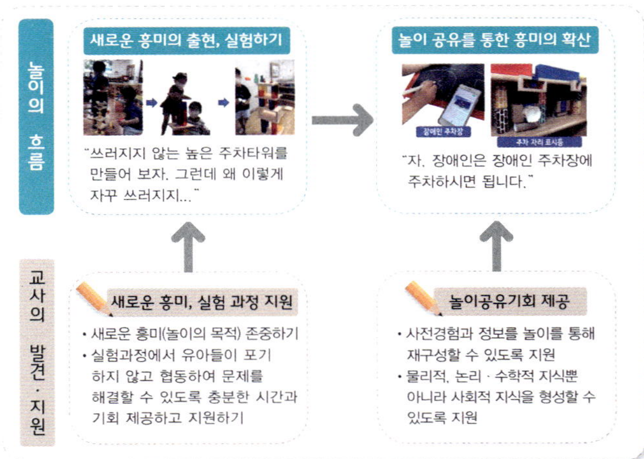

'흥미'가 유아의 놀이에 미치는 영향을 보여주는 첫 번째 사례는 만 3세 하늘반에서 이루어진 '어디로든 갈 수 있는 길' 놀이에서 시작한다. 평소에 색종이로 자동차를 만드는 것을 좋아하던 한 유아의 흥미가 놀이 공유를 통해 하늘반 전체의 놀이로 전환되는 과정이 잘 드러난다. 이어서 진행된 '쓰러지지 않는 튼튼한 주차타워 만들기' 놀이는 물리적 지식과 논리 · 수학적 지식이 형성되는 과정을, '자동차와 관련된 시설 만들기' 놀이는 공간 구성에 대한 사회적 지식을 구성하는 과정을 보여준다.

1) 개별 유아의 흥미 발견 : 유아가 색종이로 접은 작은 자동차

하늘반의 '어디로든 갈 수 있는 길' 놀이는 한 유아가 색종이로 접은 작은 자동차에서 시작되었다. 평소 미술영역에서 색종이로 자동차 접는 놀이를 즐기던 준범이는 색종이로 접은 자동차를 가지고 미술영역 책상 위에서 "붕붕~" 소리를 내며 놀이하였다. 옆에서 놀이하던 한 유아가 "여기는 자동차 길이 아니야. 나 그림 그리는데 너무 불편해."라고 불편함을 호소하였다. 준범이는 쌓기놀이영역의 텅 빈 벽을 발견하고는 검은색 색종이를 벽에 붙여 자동차 길을 만들기 시작했다. 그리고 신호등, 길가의 집을 만들어 벽에 붙이며 놀이시간 내내 놀이했다. 놀이시간이 끝날 무렵 준범이는 교사에게 자신이 만든 멋진 자동차 길을 소개하며 사진을 찍어달라고 요청하였다.

자유롭게 벽면을 사용하며 놀이할 수 있는 허용적인 분위기

교사는 관찰을 통해 평소 준범이가 비슷한 유형의 놀이만 반복한다는 것을 발견하였다. 그러나 놀이 주제나 방법을 바꾸려 시도하지 않고, 유아가 만들어내는 차이와 변주에 집중하며 유아의 흥미를 존중하였다. 친구의 말이 기폭제가 되어 준범이는 더 넓게 놀이 공간을 바꾸고, 자동차 길과 자동차와 관련 시설을 추가하며 놀이하였다. 이때 준범이는 교사에게 허락을 구하거나 망설이지 않고 쌓기놀이영역의 벽을 사용했다. 놀이 공간의 주도권을 유아가 가지고 자유롭게 놀이할 수 있는 허용적인 하늘반의 분위기는 유아의 흥미가 확장되는 출발점이었다.

2) 놀이 공유를 통한 흥미의 확산 : 내가 만든 자동차 길을 소개할게!

준범이는 놀이 소개 시간에 자신이 만든 자동차 길을 다른 유아에게 소개했다. 유아들은 준범이가 만든 자동차 길에 큰 관심을 보였고, 횡단보도와 사거리, 터널 등이 더 필요하고, 길이 더 길게 있으면 좋겠다고 이야기하였다.

자신의 놀이를 다른 유아들에게 소개하며 공유하는 유아

다음 날, 유아들은 검은 도화지로 길을 만들고, 횡단보도와 사거리를 만들었다. 서로가 만든 결과물들이 이어져 점점 더 커져가는 길을 보며 유아들은 점점 더 놀이에 몰입하였다. 그리고 천장까지 이어지게 길을 만들고 싶어 하였다. 교사는 유아가 원하는 방식으로 천장까지 길이 이어질 수 있도록 놀이 공간을 확장하였다.

친구의 관심을 공유하며 자연스럽게 협력하는 유아들

유아 1 : 이거 준범이가 만든 찻길이래. 내가 여기에 집도 붙였어. 왜냐하면 이 길을 달려오면 집에 도착할 수 있거든~

유아 2 : 나도 길 만들었어. 우리 같이 연결하자. 어때?

유아 3 : 이렇게 붙이면 하늘로 향하게 길이 연결될 수도 있어. 이러다가 꼭대기까지 가는 거 아니야?

유아 2 : 우리가 힘을 합쳤더니 엄청 멋지고 기다린 길이 완성되었어!

색종이 자동차 길은 하늘반 유아들에게 소개되기 전까지 벽면에 게시된 종이접기 작품이었지만 놀이 공유를 통해 '하늘반의 놀이'로 발전하였다. 놀이를 공유하는 경험은 친구의 관심을 공유하고, 함께 놀이하고 싶을 때 놀이 맥락을 알고 바로 놀이에 참여하도록 이끈다. 그리고 미처 발견하지 못한 문제 상황을 발견하거나 해결 방법을 함께 고안하며 협동하도록 이끈다.

3) 평면 형태 길에서 입체 형태의 길을 구성하는 것으로 흥미 전이 :
진짜 자동차가 달리는 길을 만들자.

하늘반의 쌓기놀이영역 벽면의 대부분은 색종이 자동차가 달리는 길로 가득 찼다. 유아들은 자신들이 만든 길 위에서 색종이 자동차와 종이로 만든 인형으로 역할놀이를 하였다. 평면 형태의 길에 대한 충분한 탐색이 이루어지고 난 후, 몇몇 유아들이 장난감 자동차를 굴려볼 수 있는 입체적인 길을 구성하고 싶다고 제안하였다.

평면 형태에서 입체 형태의 길 구성으로 유아 흥미가 전이

유아들은 쌓기놀이영역의 블록을 이용하여 입체 형태의 길을 만들기 시작하였다. 처음에는 블록을 넓게 펼쳐 자동차를 미는 놀이를 하였다. 그러나 블록이 단단해 길을 만들기에는 적합하지만 작은 충격에도 쉽게 무너지자, 유아들을 블록과 블록 사이를 붙여서 편평하게 만들고, 저절로 자동차가 굴러가도록 블록을 기울여 길을 만들었다.

교사는 유아들이 더 다양한 길을 만들어 놀이할 수 있도록 공간을 확장하고, 유아들과 의논하여 구조물을 정리하지 않고 유지하였다. 교사의 지원으로 유아들은 다음날 바로 놀이를 이어서 할 수 있었다.

확장된 놀이 공간에서 다양한 형태의 길 구성

4) 새로운 흥미의 출현과 실험하기 : 쓰러지지 않는 튼튼한 주차타워를 만들려면?

쌓기놀이영역의 블록으로 자동차 길을 만들던 중 몇몇 유아는 주차타워를 만들고 싶어 하였다. 유아들은 원기둥 모양과 판자모양 블록으로 최대한 높이 쌓는 것에 열중하였다. 판자 모양 블록 위에 원기둥 모양 블록 1개, 그 위에 판자 모양 블록을 쌓는 형태로 만들고 보니, 작은 진동에도 주차타워가 쉽게 쓰러졌다. 유아들은 문제 상황에 부딪히며, 쓰러지지 않으면서도 최대한 높은 주차타워를 만들겠다는 새로운 놀이 목적이 생겼다. 그리고 새로운 놀이 목적은 곧 유아의 흥미가 되었다.

튼튼하게 만들기 위해 기둥의 개수 늘리는 전략 사용

유아들은 원기둥 모양 블록의 개수를 조절하며 튼튼하게 주차타워를 만들었다. 유아들은 무너짐과 다시 쌓음을 반복하는 '실험'을 해나갔다. 직접 아이디어를 고안하여 실험하는 것은 흥미의 지속 및 확장과 연관된다. 유아들은 여러 번의 실험을 통해 기둥 개수가 4개일 때에 가장 안정적으로 주차타워를 쌓을 수 있음을 알게 되었다. 한 층마다 원기둥 모양 블록을 4개씩 사용하여 주차타워를 만들게 되니 원하는 길이의 원기둥 모양 블록이 금세 모자랐다. 또 다른 문제 상황을 맞이한 것이다.

모자란 블록을 대신할 수 있는 사물을 찾아서 주차타워 만들기

유아 1 : 탑을 더 높이 쌓아야 하는데 기둥이 부족해. 기둥은 키가 똑같아야 하는데...

유아 2 : (원기둥 아크릴) 짧은 거랑 조금 긴 거랑 합치니까 제일 긴 거랑 키가 똑같아!

교사 : 좋은 방법이다. 그런데 여전히 기둥이 모자라네... 그러면 블록 대신에 쌓을 수 있는게 뭐가 있을까?

유아 3 : 선생님, 이것 좀 보세요. 휴지심은 키가 모두 똑같아. 우리 이제 더 높이 쌓을 수 있어요.

유아들은 짧은 길이의 원기둥 모양 블록을 합하는 방법으로 문제를 해결하다가 대체물을 찾는 방법을 생각해냈다. 유아들은 미술영역의 재활용품 상자에서 원기둥 모양의 휴지심과 테이프 심을 사용해 기둥을 만들었다. 그러나 곧 기둥 높이가 다르면 주차타워가 기울어져 쉽게 무너진다는 것을 발견하였다. 유아들은 같은 길이 블록으로 기둥을 만들어야 균형감이 유지되어 쉽게 무너지지 않는다는 것을 실험을 통해 깨달았다. 유아들은 각각의 높이가 동일한 종이컵과 네모 모양 블록을 추가하여 주차타워를 완성하였다.

쓰러지지 않은 튼튼한 주차타워를 만드는 것에 대한 유아의 흥미는 적합한 재료를 찾아 다양한 방법으로 조합하고, 끝까지 포기하지 않고 몰입하게 만드는 힘이었다. 교사가 사용한 전략은 유아 스스로 해결 방법을 찾도록 충분한 시간과 기회를 제공한 것이다. 그리고 기둥의 개수나 종류가 달라질 때마다 주차타워에 어떠한 변화가 생기는지에 유아가 주목할 수 있도록 상호작용하였다. 흥미와 실험 사이에서 유아들은 물리적 지식과 논리 · 수학적 지식을 구성하게 되었다.

5) 매체중심 놀이와 주제 중심놀이의 병행을 통한 흥미 유지 :

장애인은 장애인 주차장에~ 빨간 불에는 멈춰요!

유아들은 자동차가 잘 굴러가는 길 만들기, 쓰러지지 않는 튼튼한 주차타워 만들기 놀이를 하며 놀이매체인 블록의 특성에 주목하였다. 유아들은 입체적인 자동차 길을 만들고, 신호등, 톨게이트, 교통 표지판, 다리와 다양한 건물을 더해'자동차길 놀이'를 하였다. 유아들은 부모님 차를 타고 주차했던 경험을 떠올리며 주차 자리를 쉽게 찾을 수 있는 '주차 공간 표시등'도 필요하다고 하였다. 또, 장애인 주차장도 필요한데 왜 장애인 주차장은 일반 주차장보다 넓은지에 대해 유아들은 궁금해하였다.

교사는 영상을 통해 휠체어를 탄 운전자가 자동차에 오르내리며, 휠체어를 세워놓을 수 있는 공간을 포함해 넓게 만들어야 한다는 것을 알려주었다. 그리고 장애인 주차장을 알리는 특별한 표시도 알아보았다.

자동차와 관련된 시설을 만들고, 역할놀이를 한 '자동차길 놀이'

유아들은 일상생활 속에서 관찰하고 경험한 자동차와 관련된 다양한 시설들, 그곳에서 일하는 사람들에 대한 정보를 놀이 속에서 재구성하였다. 그리고 평소에 궁금해하던 장애인 주차장의 필요성 및 공간의 특징 등에 대한 사회적 지식을 형성해나갔다.

완성된 '하늘반의 어디로든 갈 수 있는 길'

만 3세임에도 하늘반의 '어디로든 갈 수 있는 길' 놀이가 계속 확장된 것은 유아의 흥미에서 놀이가 시작된 것에 더해 탐구가 계속 이어지도록 한 교사의 세심한 지원 덕분이다. 교사는 놀이 공간을 확장하고, 유아가 만든 구조물을 수일 동안 유지할 수 있게 하는 등의 물리적 지원에 그치지 않았다. 한 유아의 흥미가 전체의 흥미로 확장되도록 놀이를 공유하는 분위기를 조성하고, 유아가 자신이 만든 작품을 교실 어디에서든 전시할 수 있는 허용적이고 자유로운 분위기, 실험과 시도에 대한 격려 등 심리적 지원도 병행하였다.

유아의 흥미는 놀이에 몰입하는 원동력이 되었고, 생활 속에서 관찰하고 얻게 된 정보를 놀이 속에서 재구성하며 물리적 지식, 논리 · 수학적 지식, 사회적 지식을 스스로 구성하는 토대가 되었다.

유아의 흥미가 발현될 수 있는 자유롭고, 허용적인 사회문화적 분위기

이 사례에서 가장 주목할 부분은 놀이 시작 단계에서 준범이가 색종이로 만든 자동차 길을 벽면에 붙이며 놀이하는 상황이다. 유아교육기관에서 유아의 작품을 전시할 때 작품을 전시하는 공간, 작품을 전시하는 방법, 작품 선정 등을 교사가 결정하는 경우가 흔하다. 그리고 주로 완성된 결과물을 전시한다. 그러나 이 사례에서 준범이는 작품의 선정(색종이로 만든 자동차길), 작품을 전시하는 공간(교실 벽면), 작품을 전시하는 방법(테이프로 고정)을 스스로 결정하고 놀이 결과물이 아닌 과정을 전시하였다. 그리고 교사의 허락을 구하지 않고 교실 벽에 색종이로 만든 자동차 길을 붙였다. 교사는 유아의 흥미를 존중하고, 더 높은 곳에 자동차 길을 붙여 놀이가 확장되도록 지원하였다. 나아가 준범이에게 자신의 놀이를 다른 유아들에게 공유할 수 있는 기회를 마련하였다.

이 상황을 통해 놀이의 주제, 장소, 자료, 파트너 등을 유아가 선택할 수 있는 자유롭고 허용적인 하늘반의 사회문화적 분위기를 엿볼 수 있다. 이러한 분위기는 단기간에 조성되지 않는다. 여러 번의 경험이 축적되어 하나의 교실 문화로 자리 잡는다. 이러한 사회문화적 분위기의 교실에는 유아 스스로가 놀이의 주인공이라 생각하고 자신의 흥미를 유의미한 학습으로 이끌기 위해 몰입하고, 놀이를 심화, 확장해나간다.

공유경험을 통해 흥미를 유지하고 확장한 **기린반의 '내 소중한 친구, 짱구와 꽃순이' 놀이**

만 5세 기린반

- 우리 반에서 기르고 싶은 동물 조사하고 투표하기
  → 인터넷 카페에서 햄스터 분양받아 기르기

핵심 Point

- 조사와 발표, 토론 등의 공유경험에 기초한 흥미의 유지 및 확장
- 유아와 교사 이외에 이 놀이에 관심을 가진 타인과의 교류
- 다른 생명체에 대한 애착의 형성
  → 새로운 공동체의 구성원으로 햄스터 맞이하고, 함께 살아가기

놀이의 흐름

우리반의 공동이슈 생성

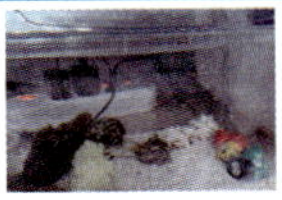

"소라게 어디로 갔어요? 우리반에서 새로운 동물을 기르고 싶어요."

→ **공유경험을 통한 흥미의 유지**

"교실에서 기를 수 있는 동물의 조건은 무엇일까 이야기 나누어보자."

→ **투표 통해 민주적으로 결정권 행사**

"내가 조사한 동물을 기르는 건 어때? 투표로 결정하자!"

교사의 발견 · 지원

교사의 권위 축소

- 임의로 새로운 동물을 제공하지 않고 직접 선택하고자 하는 유아의 결정 존중

지식구성의 기회 제공

- 유아 스스로 다양한 방법으로 조사하는 과정을 통해 지식을 구성할 수 있도록 지원
- 다른 유아들과 지식을 공유할 수 있는 기회 마련

구조물 유지하며 흥미 지속

- 투표의 의미와 공정한 절차가 필요한 이유에 대해 생각해 볼 수 있는 기회 제공

놀이의 흐름

타인과의 흥미 공유

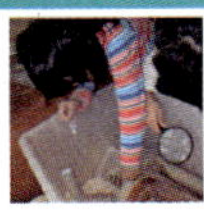

"햄스터에 대해 알려주고, 분양해줄게요."

→ **새로운 공동체 구성원 맞이하기**

"드디어 우리반에 햄스터가 왔어요. 이름은 짱구와 꽃순이!"

→ **새로운 공동체 구성원과 함께 살아가기**

"짱구와 꽃순이는 기린반의 소중한 친구에요!"

교사의 발견 · 지원

흥미를 지속시키는 힘 발견

- 인터넷 공간에서 만난 사람들과 공동의 관심사 공유하며 유대감 형성 지원
- 게시글과 댓글로 소통하며 다양한 정보를 얻고, 감정을 교류하는 기회 제공

책임감 형성의 기회 제공

- 햄스터가 태어나서 기린반에 오기까지의 이야기를 들으며 책임감있게 보살피고, 함께 살아가려는 태도 형성의 기회 제공

애착형성 발견

- 관찰하고 돌보는 대상이 아닌 우리반의 공동체 구성원임을 인식
- 긍정적 정서와 애착형성 발견

흥미에 대한 두 번째 사례는 만 5세 기린반에서 이루어진 '내 소중한 친구, 짱구와 꽃순이' 놀이이다. 이 사례는 '동물' 놀이의 시작이자 모든 유아의 흥미와 관심이 집중된 사례로 우리반에서 기를 동물을 정하고, 기르며 생기는 과정에서 나타나는 흥미를 보여준다.

이외에도 지점토를 이용해 만든 동물을 전시한 '동물 미술관', 바깥 놀이터에서 이루어진 '사파리 숨바꼭질', 유아가 이야기와 무대, 소품을 만들어 진행한 동극 '동물들의 합창대회', 옆 반과 함께 진행한 '동물 수수께끼 미로' 등의 놀이가 함께 병행되었다.

만 5세 기린반의 '동물' 놀이

이 사례는 집단 공동체의 공통 이슈(흥미)를 공유하는 과정에서 흥미가 어떻게 이어지는지를 보여주는 대표적인 사례로 첫째, 갈등을 겪고, 문제를 해결해가며 배움의 순간을 맞이하고, 그 결과를 가지고 다시 놀이를 즐기는 과정이 어떻게 연속적으로 이루어지는지, 둘째, 조사, 토론과 발표, 실험이 어떻게 놀이로 이어지는지, 셋째, 유아와 교사 이외에 주변의 다른 사람들과 어떻게 교류하고 놀이에 반영하는지를 잘 보여준다.

1) 우리반의 공통 이슈(흥미) 생성 : 소라게가 어디로 갔지?

여름방학이 지나고 개학한 첫날, 기린반 유아들은 새로운 교실과 이전에 사용했던 교실의 공통점과 차이점을 찾아보았다. 몇몇 유아는 과학영역에서 기르던 소라게가 없음을 발견하고, 기린반이 사용하던 교실을 새롭게 사용하게된 사슴반(만 5세) 유아들에게 소라게를 보내달라고 요청하였다. 사슴반 유아들은 여름방학 전에 교실과 그 안에 있는 모든 것을 바꾸기로 서로 협의하였기 때문에 소라게는 자신들이 기르고 싶다고 하였다.

이야기 나누기 시간에 몇몇 유아가 소라게를 데려올 수 없어 슬프지만, 약속이니 받아들여야 한다고 이야기하였다. 대신 새로운 교실에서 함께 지낼 동물을 기르자고 제안하였다. 모든 유아가 동의하였고, 우리반에서 새롭게 기를 동물을 결정하는 공동의 흥미가 생성되었다.

2) 조사와 발표, 토론 등의 공유경험을 통한 흥미의 유지 : 교실에서 기를 수 있는 동물의 조건은 무엇일까?

다음날, 유아들과 어떤 동물을 기를지에 대해 이야기를 나누었지만, 원하는 동물이 달라 갈등이 발생했다. 유아들은 자신이 원하는 동물이 교실에서 기르기에 더 적절하다고 주장하였다. 교사는 흥미를 배움의 기회로 전환할 수 있는 순간이라 판단하고 각자 기르고 싶은 동물을 조사해 그 결과를 공유할 시간을 마련하겠다고 제안하였다.

유아들은 과학책을 살펴보고, 인터넷을 검색해보며 자신이 기르고 싶은 동물에 대해 알아보았다. 반려동물을 길러본 경험이 있는 유아나 원장 선생님과 원감 선생님, 조리사 선생님을 인터뷰하기도 하였다. 몇몇 유아들은 부모님과 함께 자신이 기르고 싶은 동물에 대해 알아보기도 하였다. 이 과정에서 유아들은 다양한 동물의 생김새와 특징, 서식지 및 먹이 등에 대한 지식을 얻게 되었다.

다양한 방법으로 자신이 기르고 싶은 동물 조사하기

유아들은 조사한 동물에 대해 발표하는 동안 질문을 하기도 하고, 자신이 좋아하거나 기르고 싶은 동물이 나오면 매우 좋아하며 지지를 보내기도 했다. 그리고 뱀, 코끼리, 사막여우와 같이 우리반에서 기를 수 없는 동물에 대한 이야기를 들으며 왜 우리반에서 기를 수 없는지에 대해 반론을 제기하였다. 유아들은 습득한 정보에 기초해 상대 유아를 설득하고, 더욱 잘 설득하기 위해 부족한 정보를 새로 수집하는 과정을 반복하였다. 이 과정을 통해 동물에 대한 유아들의 지식은 더욱 깊고 풍부해졌다.

조사 결과 공유하기

유아 1 : 코끼리는 너무 커서 기린반 교실의 문으로 들어올 수가 없어. 그리고 똥을 너무 많이 싸서 우리가 숨을 못 쉴 수도 있다고!

유아 2 : 캥거루는 교실에서 폴짝폴짝 뛰어다녀서 놀이에 방해가 되고, 먼지가 나서 우리의 건강에 해로울 것 같아요.

유아 3 : 뱀은 쥐를 먹고 사는데 우리는 쥐를 쉽게 구할 수가 없어요. 그리고 독이 있어서 물리면 죽거나 크게 다칠 수 있어요.

유아 4 : 고슴도치는 야행성이라 우리가 있는 낮에는 움직이질 않는대요. 그리고 가시에 찔릴까봐 무서워요.

발표는 수일에 걸쳐 이루어졌고, 유아들은 '교실에서 기를 수 있는 동물의 조건'을 고려해야 함을 알게 되었다. 유아들은 우리가 다룰 수 있을 만큼의 크기, 교실에 들어갈 만한 크기여야 한다고 하였다. 또 기를 때에 안전하고 건강에 해가 되지 않고, 놀이에 방해되지 않으며, 쉽게 그리고 합법적으로 구할 수 있고, 먹이를 구하기 쉬워야 한다고 하였다.

3) 투표를 통해 민주적으로 결정권 행사하기 : 내가 조사한 동물을 기르는 건 어때?

유아들은 교실에서 기를 수 있는 동물의 조건에 맞는 동물을 추린 후, 남은 동물들 중에 투표로 결정하기로 하였다. 유아들은 교실 벽면에 그동안 조사한 결과를 기록한 선거 벽보를 게시하고 자신이 조사한 동물을 홍보하는 유세 활동을 하였다.

우리반에서 기를 동물 투표하기 전, 후보자 선거 벽보 게시 및 유세 활동 전개

일부 유아들은 과열된 분위기에 휩쓸려 친분과 인정에 호소하기도 하였다. 교사는 이야기 나누기 시간을 통해 공정한 투표에 대해 생각할 기회를 제공하였다. 유아들은 반에서 기를 동물이 결정되면 책임지고 끝까지 함께 해야 함을 강조하며, '교실에서 기를 수 있는 동물의 조건'에 부합하는지 세심하게 따져 신중하게 결정해야 한다고 이야기하였다.

투표 사전 준비하기(투표용지, 투표함, 투표소 만들기)

선택이 필요한 상황에서 투표로 결정해 본 경험이 있는 유아들은 이전 경험을 통해 얻은 지식에 기초해 후보 등록, 선거운동, 선거인단 구성, 선거 준비하기 등의 절차를 준비하였다. 유아들은 자신들이 주도적으로 결정권을 행사할 수 있다는 것을 즐거워했다. 유아들이 적극적으로 투표를 준비할 수 있었던 것은 '우리반에서 기를 수 있는 동물 정하기'라는 주제가 공동체가 함께 결정해야 할 일로 기린반 모두의 흥미를 사로잡았기 때문이다.

드디어 투표하는 날, 유아들은 공정한 절차에 따라 투표를 준비하고, 신중하게 투표했다. 교사 역시 교실공동체의 일원으로 선거 벽보를 보고 선거 유세를 들어 본 후, 신중하게 한 표를 행사하였다.

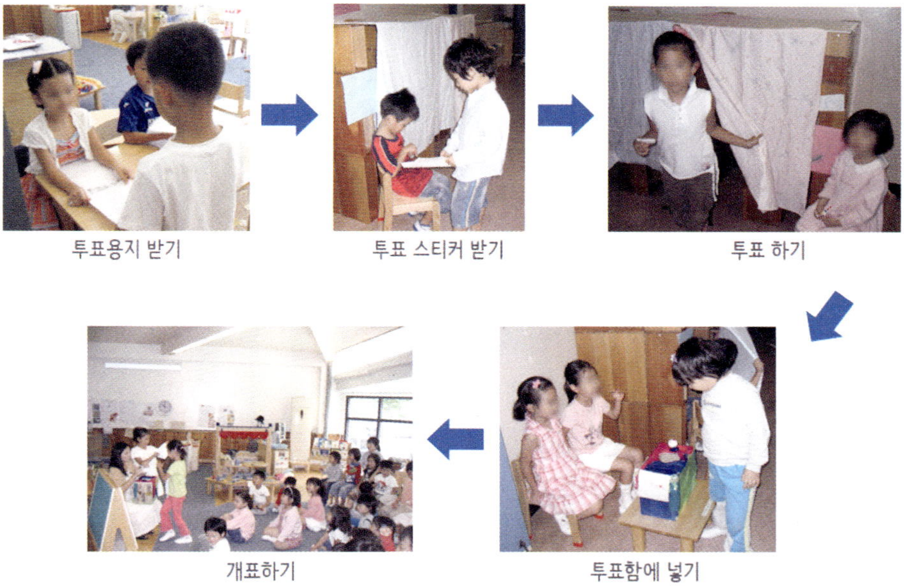

투표 과정 경험하기

개표 결과, 기린반에서 기를 동물은 햄스터로 결정되었고, 햄스터를 지지한 유아들은 매우 기뻐하였다. 공정한 절차에 따라 투표했기 때문에 다른 동물을 지지한 유아들도 선거 결과를 받아들였다.

4) 타인과의 흥미 공유 : 햄스터에 대해 알려주고, 분양해줄게요!

유아들은 대형 할인마트에서 햄스터를 판매하는 것을 본 경험을 이야기하며, 생명체가 물건처럼 팔리는 것을 슬퍼하였다. 그러던 중 한 유아가 인터넷을 검색하다 햄스터를 좋아하는 사람들이 모인 인터넷 카페에서 햄스터 분양 글을 발견하였다. 유아들은 투표 활동했던 내용과 기린반에서 햄스터를 기르고 싶은 이유를 담은 글을 인터넷 카페에 게시하였다. 기린반 유아들의 글은 높은 조회수를 기록하였고, 인터넷 카페 회원들의 응원 댓글이 달렸다. 유아들은 매일 카페의 댓글을 살피며 어른이 자신들의 이야기에 관심갖는 것을 신기해하였다.

다양한 방법으로 알게 된 지식을 활용하여 햄스터가 지낼 환경 조성하기

한 카페 회원이 햄스터 새끼 두 마리를 분양해주겠다는 글을 남겼고, 기린반 유아들은 뛸 듯이 기뻐하였다. 햄스터가 젖을 떼는 일주일 동안, 기린반 유아들은 과학책을 찾아보고, 인터넷 카페에 물어보며 햄스터를 맞이할 준비를 하였다. 유아들은 동물병원에 가서 햄스터 먹이와 톱밥을 구입하고, 언어영역에서 햄스터 집 간판을 만들고, 미술영역에서 햄스터 놀잇감을 만들었다. 유아들은 자신들의 노력을 인터넷 카페에 공유하고, 회원들은 여러 조언을 하며 끊임없는 관심을 보여주었다. 이를 통해 모르는 타인이지만 공동의 관심사로 유대감이 형성될 수 있음을 알 수 있었다. 그리고 이러한 유대감은 유아가 흥미를 계속 이어나갈 수 있는 원동력이 되었다.

5) 새로운 공동체 구성원 맞이하기 : 드디어 기린반에 햄스터가 왔어요!

햄스터를 분양해 주기로 한 인터넷 카페 회원은 아기햄스터 두 마리와 여러 종류의 햄스터를 데리고 유치원을 방문하였다. 인터넷 카페 회원은 유아들에게 다양한 햄스터를 소개하고, 아기 햄스터를 기를 때의 주의사항, 먹이 주는 방법 등을 알려주었다. 유아들이 만든 햄스터 집과 장난감에서 수정해야 할 부분 등을 조언하기도 했다. 유아들은 인터넷 카페 회원의 이야기를 귀 기울여 듣고 궁금한 점을 질문했다. 기린반 유아들은 새로운 공동체 구성원으로 햄스터를 맞이할 준비를 하며 햄스터의 특성과 기르는 방법에 대한 지식을 구성하게 되었다.

아기 햄스터 소개하는 인터넷 카페 회원

유아들은 과학책이나 인터넷으로 알아보는 방법 외에도 햄스터를 오랫동안 길러온 전문가에게 햄스터에 대한 정보를 얻을 수 있음을 알게 되었다. 그리고 햄스터가 태어나 기린반에 오기까지의 이야기를 들으며 더욱 소중하게, 정성 들여 기르겠다고 다짐하였다.

6) 새로운 공동체 구성원과 함께 살아가기 : 내 소중한 친구, 짱구와 꽃순이

유아들은 두 마리의 햄스터에게 '짱구'와 '꽃순이'라는 이름을 붙이고, 당번을 정해 먹이를 주고, 집을 청소하는 등 정성껏 햄스터를 보살폈다. 매일 햄스터를 관찰하여 쓰는 '햄스터 관찰일기'도 작성하였다. 유아들은 햄스터 돌보기 활동 중 일부를 인터넷 까페에 계속 올렸고, 회원들은 햄스터를 책임감 있게 돌보는 기린반 유아들의 모습에 감동을 받았다고 수많은 댓글을 남겼다.

햄스터 관찰하고 관찰일기 쓰기 → 친구들과 공유하기

유아들은 이전에도 교실에서 소라게를 기른 경험이 있다. 소라게를 돌볼 때 몇몇 유아만이 당번을 지원했던 것에 비해 햄스터 돌보기에서는 많은 유아가 당번 차례를 손꼽아 기다렸다. 짱구와 꽃순이에게 필요한 것은 없는지, 어떤 상태인지, 어떻게 놀 수 있을지도 유의해 살피고, 성장 과정을 지켜보며 기쁨을 느꼈다.

유아들은 짱구와 꽃순이를 돌보며 관찰하고, 돌보는 대상에서 나아가 우리반의 공동체 구성원으로 함께 살아가는 경험을 했다. 그리고 인간에게 보살핌을 받는 존재가 아니라 우리와 함께 지구에서 살아가는 존재로 동물과 인간의 관계에 대한 인식을 재정립하였다.

소중한 친구, 짱구와 꽃순이

유아 1 : 짱구야, 꽃순아, 우리 반에 와줘서, 우리의 친구가 되어주어 고마워!

유아 2 : 짱구야, 꽃순아, 사실 처음에는 너희들이 쥐같이 생겨서 조금 무서웠거든. 그런데 매일 매일 너희들을 보고 너희들이랑 놀다 보니 무서운 마음이 싹 사라졌어.

유아 3 : 짱구야, 꽃순아, 주말 동안 너무 보고 싶을 거야. 내가 먹이 많이 넣어놨으니까 배고프면 먹어. 너도 내가 보고 싶을까? 내가 월요일에 일등으로 유치원 올게.

유아 4 : 짱구야, 꽃순아, 나 유치원 졸업하기 싫어. 너희랑 헤어질 생각하니 벌써부터 슬퍼.

기린반 유아들은 새로운 반려동물을 결정하여 기르는 것으로 놀이를 시작하였다. 새로운 반려동물을 결정하는 것은 기린반의 공동이슈가 되었고, 조사활동과 토론, 투표를 통해 반려동물이 결정된 이후에는 햄스터를 기르기 위한 준비를 하는 것으로 유아들의 흥미가 옮겨졌다. 그 과정에서 유아의 흥미를 지속시킬 수 있는 중요한 원인 중 하나는 유치원 밖의 사람들과 교류하게 된 경험이다. 유아들은 햄스터를 매개로 한 새로운 대상과의 관계와 만남에 큰 흥미를 느꼈다. 이 경우는 공동체의 이슈, 그리고 사회적 자원과의 교류와 같은 사회적 상호작용과 공유 경험이 놀이를 지속하고 확장하는 중요한 동기가 된 것이다.

꼬리에 꼬리를 물고 흥미가 이어지는 과정에서 교사는 유아의 흥미가 다양한 경험이 되도록 지원하고 유아들과 동등한 입장에서 놀이에 참여하였다. 그리고 이야기 나누기 시간에 놀이 상황을 계속 공유하며 공동체의 흥미가 지속되도록 지원했다.

놀이와 학습을 넘나드는 순간

이 사례에서 가장 주목할 부분은 기린반에서 기를 동물을 조사하고, 발표하고, 토론하고, 투표하는 과정이 모두 유아 주도로 이루어졌다는 점이다. 핵심은 유아의 흥미에서 놀이가 시작된 것이다. 기린반에 새로운 동물을 기르고 싶다는 아이디어, 어떤 동물을 기르는 것이 좋을지 조사를 통해 알아보기로 한 아이디어, 조사한 내용을 기반으로 다른 유아들을 설득하고 투표를 통해 반에서 기를 동물을 결정하자는 아이디어 모두 유아가 제안했다. 흔히 유아교육기관의 교실에서 기를 동물은 교사가 결정하여 과학영역의 환경의 하나로 제공하거나 유아들과 함께 결정하더라도 이렇게 심도 있는 과정을 통해 결정하는 경우는 드물 것이다.

조사, 발표, 토론, 투표라는 단어는 유아의 입장에서 보면 놀이가 아닌 일 또는 학습이라 여겨질 수도 있다. 하지만 이 사례와 같이 시작과 주체가 유아일 경우, 유아가 얼마나 열성을 다해 주도적으로 참여하는지 알 수 있다. 이 과정에서 유아들은 놀이와 학습, 학습과 놀이의 선을 자유롭게 넘나들었다. 때로는 꼬리에 꼬리를 무는 토론이 이루어져 평소 20분 정도였던 이야기 나누기 시간이 30분, 40분이 넘도록 끝나지 않았던 때도 있었다. 유아들은 놀이에 몰입하였고, 아이디어를 계속 검증하고 타인과 교류하며, 궁금한 점을 해결하려는 추진력을 보였다.

마지막으로 유아들의 흥미로부터 놀이가 시작되더라도 유아의 제안이 받아들여질 것이라는 믿음이 없었다면 유아들이 이렇게까지 열성적이지 않았을 것이다. 기린반에서 기를 동물을 결정할 때 교사는 햄스터가 아닌 거북을 지지하였고, 거북에 대해 알아보는 팀에 속해서 같이 거북에 대해 알아보고 유세 활동을 했다. 그러나 교사의 권위가 아닌 모두의 투표로 기린반에서 기를 동물이 결정되었다. 이렇게 교사는 유아와 동등한 교실의 공동 구성원이 됨으로써 민주적인 절차에 의해 문제를 해결하는 사회문화적 분위기를 조성했다. 이러한 분위기 속에서 유아들은 자신과 친구의 흥미를 원동력 삼아 놀이와 학습을 오가며 주도적으로 놀이를 즐길 수 있었다.

여러 놀이에 걸쳐 흥미가 지속된
아카시아반의 '배를 만들어 보자' 놀이

만 5세 아카시아반

- 달팽이 놀이터 만들기 → 달팽이가 탈 배 만들기 → 거북선과 판옥선 만들기

핵심 Point

- 흥미를 느끼는 대상과의 애착관계 형성 및 돌봄 태도 변화
- 지식을 구성하는 과정에 자율적으로 참여하는 유아의 동기
- 기존의 흥미가 다른 주제 안에서 재발현 되는 과정

놀이의 흐름

흥미의 대상 발견

"우리반의 새로운 친구, 달팽이를 소개합니다."

→

오개념으로 인한 문제 발생

"축축한 곳을 좋아하는 달팽이는 과연 수영도 좋아할까?"

교사의 발견·지원

기다림 실천하기

- 달팽이의 특성과 기르는 방법을 제시하지 않고 유아들이 스스로 알아가도록 기다리기

문제 인식 및 해결 지원하기

- 달팽이의 습성에 대한 오개념으로 발생한 문제 인식할 수 있도록 상호작용하기
- 다양한 방법으로 달팽이에 대한 지식 구성하여 스스로 문제를 해결하도록 지원하기

놀이의 흐름

공동의 목표 생성

"달팽이에게 신나게 놀이할 수 있는 놀이터를 만들어주자!"

→

애착형성으로 인한 돌봄의 태도 변화

"달팽이야, 네가 있어 행복했어. 남은 달팽이 더 열심히 돌볼게."

교사의 발견·지원

공동경험 지원하기

- 달팽이 놀이터 구성과정 공유하는 기회 제공하기
- 충분한 시간과 장소 제공하기
- 서로 협력하여 달팽이 놀이터를 구성할 수 있도록 격려하기

위기를 기회로 만들기

- 달팽이의 죽음을 생명의 소중함을 느낄 수 있는 기회로 만들기
- 책임감있게 달팽이 돌볼 수 있도록 격려하기

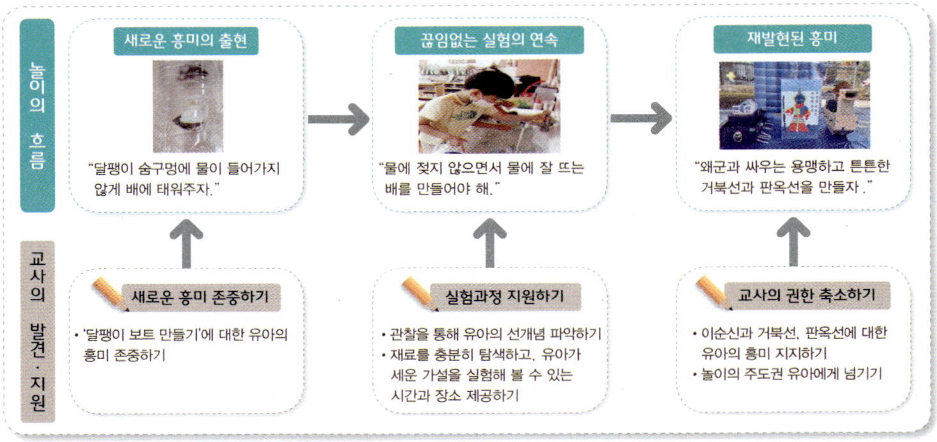

유아의 흥미에 대한 의미있는 발견은 만 5세 아카시아반에서 이루어진 '내 친구는 달팽이', '물에 뜨는 배 만들기', '우리가 만드는 거북선과 판옥선' 놀이로 이어지는 과정에서 나타났다. 새롭게 키우게 된 달팽이 놀이터를 만들며 생긴 배에 대한 흥미로부터 놀이가 시작되어 다양한 실험을 통해 물에 뜨고, 젖지 않는 재료로 배 만드는 것으로 흥미가 전이되었다. 시간이 경과 한 후에 유아들이 새로운 주제로 놀이하는 과정에서 이순신 장군이 이끈 배의 특징을 알아보고 거북선과 판옥선을 만드는 과정에서 기존의 배 만들기에 대한 기존의 흥미가 심화 · 확장되어 갔다. 이 사례를 통해 시간이 경과해도 즐겁게 놀이했던 경험과 기존의 지식이 기초가 되어 유아의 흥미가 다시 발현되어 지식을 구성하는 것을 확인할 수 있다.

1) 흥미의 대상 발견 : 우리반의 새로운 친구, 달팽이를 소개합니다!

아카시아반 유아들은 과학영역에 교사가 새롭게 제공한 달팽이를 발견하였다. 달팽이가 계속 달팽이집에서 나오지 않자 한 유아가 "달팽이는 물을 좋아해. 내가 책에서 읽었어. 우리 물뿌리개로 물을 뿌려주자."라고 하였다. 물을 뿌려주자 달팽이가 달팽이집 안에서 머리를 쏙 내밀었고, 유아들은 달팽이라는 흥미의 대상을 발견하며 호기심 어린 눈으로 달팽이의 작은 움직임 하나하나에 신기해하고 즐거워했다.

책을 통해 알게 된 달팽이의 특징에 대한 지식 친구들과 공유하기

유아들은 달팽이와 관련된 경험을 회상해보고, 알고 있는 지식을 다른 친구들과 자발적으로 공유하였다. 가정에서 달팽이 책을 가져오기도 하고, 먹이를 주며 달팽이를 보살피기 시작하였다. 달팽이에 대한 애착이 생긴 유아들은 바깥 놀이터나 유희실에 갈 때 달팽이와 함께 가기를 원했다. 이때 유아들에게서 자신의 감정과 달팽이의 감정을 동일시하는 모습이 나타나기도 했다.

달팽이와 자신의 감정 동일시

유아 1 : 달팽이야, 너도 바깥놀이 가고 싶지? 나랑 같이 가자.

유아 2 : 달팽이도 유희실 좋아할거야.

2) 오개념으로 인한 문제 발생 : 달팽이는 정말 수영을 좋아할까?

달팽이의 매력에 푹 빠진 유아들은 매일 달팽이에게 물을 뿌리며 움직임을 관찰하였다. 어느 날, 교사는 달팽이가 들어있는 관찰통 안에 물이 흥건한 것을 발견하였다.

물이 가득한 관찰통 발견

교 사 : 얘들아, 달팽이들이 사는 곳에 물이 가득하네. 그런데 달팽이가 물 속에 오래 있어도 괜찮을까?

유아 1 : 그럼요. 달팽이는 물을 좋아하거든요. 아마 수영도 좋아할 거예요.

유아 2 : 맞아요. 그러니까 이렇게 고개를 쑥하고 내밀고 있죠.

교 사 : 정말? (관찰통 벽에 붙어 올라가는 달팽이를 가리키며) 이 달팽이도?

유아 1 : 수영을 좋아하는 달팽이도 있고, 아닌 달팽이도 있나보죠.

유아 2 : 음... 그런데... 수영을 안 좋아하면 어쩌지? 아니, 수영을 못하면 어쩌지?

유아 3 : 이 달팽이는 수영을 싫어해서 탈출하려나봐.

교 사 : 우리 달팽이가 물속에서 살 수 있는지 같이 알아보자.

유아들은 습도가 높은 곳을 좋아하는 달팽이의 습성을 물을 좋아한다는 것으로 이해했다. 그리고 자신들이 수영할 때 느꼈던 감정을 떠올리며 달팽이들도 물이 가득한 곳에서 수영하며 긍정의 감정을 느낄 것으로 생각했다. 달팽이에 대한 오개념과 자기중심적 사고가 원인이라고 할 수 있다. 과학책과 인터넷을 통해 달팽이에 대한 정보를 알아보던 중, 한 유아가 달팽이의 몸에 구멍이 난 것을 발견하였다.

달팽이의 숨구멍 발견

유아 1 : 선생님, 달팽이가 다쳤나 봐요. 몸에 구멍이 났어요!

유아 2 : 세상에... 이 구멍으로 물이 들어가면 어쩌지..

(인터넷으로 달팽이 숨구멍에 알아본 후)

유아 1 : 우리가 코로 숨 쉬는 것처럼 달팽이는 숨구멍으로 숨을 쉬는구나.

유아 3 : 코로 물 들어가면... 윽... 달팽이 숨구멍으로도 물이 들어가면 안 될 것 같은데...

유아 2 : 선생님, 그럼 달팽이를 물속에 넣으면 안 되겠네요?

달팽이는 달팽이집(패각)과 만나는 부분에 숨구멍이 있고, 그 숨구멍으로 숨도 쉬지만 알을 낳거나 배설을 하기도 한다. 유아들은 달팽이의 생김새, 특징, 서식 환경 및 돌보는 방법 등에 대해 자세히 알아야 달팽이를 더 잘 키울 수 있다는 것을 알게 되었다. 유아들의 흥미가 달팽이 관찰하기에서 다양한 방법으로 달팽이에 대한 지식을 알아보는 것으로 전이되었다.

3) 공동의 목표 생성 : 우리, 달팽이 놀이터를 만들어주자.

유아들은 달팽이의 입장에서 필요한 것을 생각하기 시작하였다. 유아들은 달팽이에게는 집이 두 개(패각, 관찰통) 있으니 달팽이가 놀이할 공간을 만들어주자고 하였다.

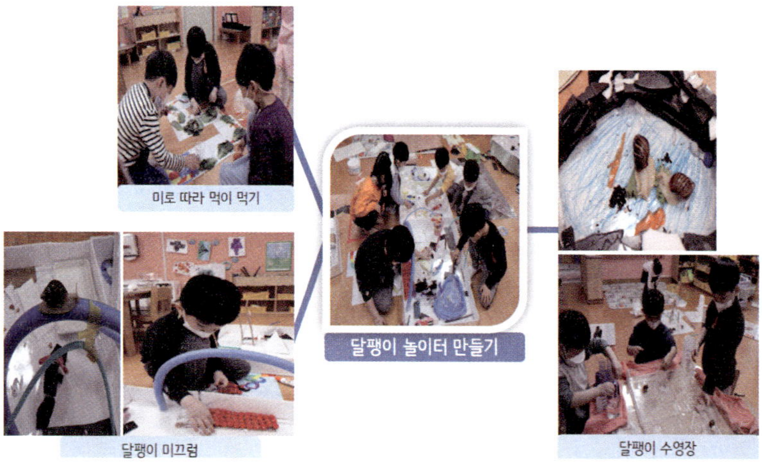

달팽이에 대한 지식을 반영하여 놀이터 구성하기

유아들은 달팽이에 대한 지식을 바탕으로 달팽이가 놀이할 수 있는 공간을 만들었다. 축축한 곳을 좋아하는 달팽이를 위해 '달팽이 수영장'을 만들었다. 처음에는 종이 위에 코팅지를 덧대어 만들었지만, 나중에는 젖지 않고 튼튼하고 넓은 재료를 교사에게 요청해 아크릴판으로 달팽이 수영장을 만들었다.

유아들은 관찰통 벽을 타고 위로 오르는 달팽이를 보고 '달팽이 미끄럼'도 만들었다. 백업으로 만든 아치 형태의 미끄럼이 달팽이에게 위험할 수 있다고 생각한 유아들은 미끄럼틀 아래에 달팽이가 다치지 않게 폼폼(뽕뽕이)을 붙였다. 미끄럼틀의 높이를 낮추고, 우드록으로 계단도 만들었다.

마지막으로 유아들은 달팽이를 위한 '미로'를 만들었다. 처음에는 종이로 미로 모양을 만들고, 달팽이를 올려두었다. 그러나 달팽이가 미로 위에서 움직이지 않자 달팽이가 좋아하는 상추를 미로 길을 따라 깔아두었다. 달팽이가 상추를 먹기 위해 움직이며 미로를 빠져나가자 유아들은 자신들의 생각이 맞았다며 기뻐하였다. 이후에 다양한 경로의 미로를 여러 개 더 만들었다.

'달팽이 놀이터'는 아카시아반의 공동의 목표가 되어 수일에 걸쳐 몰입한 결과로 만들어졌다. 이 과정에서 유아들은 달팽이에 대해 자신이 알고 있는 지식을 놀이에 적극 활용하였다. 문제가 발생하였을 때에는 친구와 협력하여 다양한 방법을 시도하며 해결해나갔다. 교사는 '달팽이 놀이터'에 대한 유아의 흥미를 지속시키기 위해 구성과정을 공유하는 기회를 제공하고, 달팽이 놀이터를 만들 수 있도록 충분한 시간과 장소를 제공하였다.

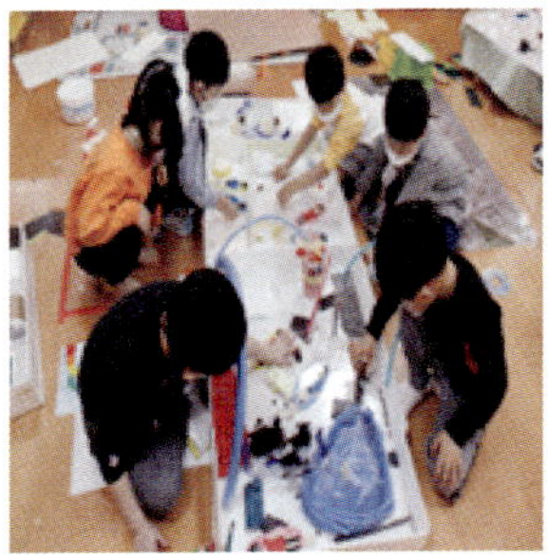

달팽이에 대한 지식을 반영하여 놀이터 변형하기

4) 애착형성으로 인한 돌봄의 태도 변화 : 달팽이야, 네가 있어 행복했어.

'내 친구 달팽이' 놀이를 통해 유아들은 관찰 대상으로 보기 위해 달팽이를 돌보던 단계에서 애착이 형성된 단계로 전이되었다. 유아들은 달팽이에 대해 더 많이 알아보고, 더 건강하고 행복하게 지낼 수 있는 환경을 조성하며 애정을 담아 돌보게 되었다. 돌봄의 태도가 변화했을 뿐 아니라 처음에는 "징그러워요.", "무서워요."라고 표현하던 유아들이 "너무 귀여워요.", "영원히 함께하고 싶어요."와 같이 표현하며 달팽이에 대한 인식이 변했음을 보여주었다.

그러던 중 달팽이 껍질이 깨져 죽은 달팽이가 생겼다. 과학책에서 본대로 미지근한 물에 달팽이를 넣어 보았지만, 달팽이는 움직이지 않았다. 유아들은 큰 슬픔을 표현하면서 달팽이와의 추억을 생각하였다.

달팽이와의 추억을 회상하며 달팽이의 죽음 애도하기

예지 : 달팽이야, 널 잊지 않을게.

하림 : 달팽이야, 네가 있어 행복했어.

나연 : 달팽이야, 사랑해.

준석 : 달팽이야, 방충망 만들어줄게(비가 올 때, 무덤이 떠내려가지 않게).

이를 계기로 유아들은 남은 달팽이를 더욱 정성껏 돌보기로 하고, '명주, 금와, 흑와 달팽이는 아가라서 껍질을 잡지 않아요.', '아기 달팽이는 눈으로만 관찰해요.'라는 약속을 스스로 정하였다. 교사가 규칙을 전할 때와 달리 달팽이의 죽음을 경험한 후 스스로 정한 약속이기에 더욱 철저하게 약속을 지켰다. 그리고 당번을 정해 매일 달팽이가 사는 곳을 청소하고, 목욕을 시키고, 먹이를 주는 등 책임감 있게 행동했다. 달팽이의 죽음은 유아들에게 슬픔, 안타까움, 미안함의 감정뿐 아니라 생명의 소중함, 책임감을 깨닫게 하는 소중한 계기가 되었다.

5) 새로운 흥미의 출현 : 달팽이야, 수영장에서 보트 탈래?

관심은 줄었지만, 달팽이 놀이터 놀이를 좋아하는 몇몇 유아들은 놀이를 지속하며 흥미를 보였다. 새롭게 추가된 놀이는 '달팽이 보트 만들기' 놀이이다. 달팽이의 숨구멍을 발견한 후, 유아들은 달팽이 수영장 물의 수위가 조금이라도 높아지면 달팽이를 걱정하기 시작하였다. 그러던 중 한 유아가 미술영역에서 페트병에 구멍을 뚫어 배를 만들어 달팽이를 태웠다.

달팽이가 수영장에서 안전하게 놀이할 방안 고안

유아 1 : 뭐 만들고 있어?

유아 2 : 달팽이 숨구멍에 물이 들어가면 안 되잖아. 그래서 보트 만들어서 달팽이를 태울 거야.

유아 1 : 우와, 좋은 생각이다! 선생님, 이것 보세요. 달팽이가 배를 탔어요.

유아 3 : 이제는 안전하니까 걱정하지 마, 달팽이야!

유아들은 "너무 멋진 생각이다." 라며 칭찬을 했고, 미술영역의 다양한 재료를 활용하여 달팽이를 태울 배를 만드는 것으로 흥미가 전이되었다.

6) 끊임없는 실험의 연속 : 물에 젖지 않으면서 물에 잘 뜨는 배를 만들어야 해.

달팽이 태울 배를 만드는 놀이는 매일 같은 놀이를 반복하는 것처럼 보였지만, 다양한 실험을 거쳐 적절한 재료를 선정하고, 배의 형태를 변형하며 심화되었다. 우선, 달팽이 배를 만드는 목적이 달팽이 숨구멍에 물이 들어가지 않게 하는 것이었으므로 유아들은 물에 뜨는 것이 제일 중요하다고 하였다. 유아들은 처음에 페트병, 플라스틱 뚜껑, 테이크아웃컵 등과 같은 플라스틱 재료와 나무막대, 수수깡 등의 재료로 배를 만들기 시작했다. 교사는 유아들이 만든 배를 바로 띄워보며 실험할 수 있도록 세면대에 물을 받아 주었다. 유아들은 아뜰리에와 미술영역, 세면대를 오가는 등 놀이공간을 자유롭게 선택하여 활발하게 놀이하였다.

'가벼워야 물 위에 뜬다.'는 선개념을 가진 유아들

유아 1 : 와, 뜬다! 역시 페트병이야!

유아 2 : 이상하다, 왜 내가 만든 배는 가라앉지? 나도 플라스틱으로 만들었는데…

교 사 : 얘들아, 너희들은 왜 페트병, 플라스틱 뚜껑, 플라스틱 컵.. 왜 다들 플라스틱으로 만들었어?

유아 2 : 그거야, 물에 안 젖으니까요.

유아 1 : 그리고 가볍잖아요. 가벼워야 물에 잘 떠요. 무거우면 가라앉아요.

유아 2 : 내가 만든 배가 무겁나?

유아 1 : 잘 봐봐, 니가 만든 배는 여기(스팸뚜껑으로 만든 깃발을 가리키며)가 무거운가봐. 그쪽으로 배가 쓰러지잖아.

유아 2 : 그렇네. 그럼 색종이로 깃발을 만들어야겠다.

유아 3 : 그러다가 깃발이 물에 젖으면 어떻게 해?

교 사 : 음.. 배를 만들 때에 생각해야 할 것이 참 많구나.

유아 3 : 네, 물에 젖어도 안되고 무거워도 안돼요. 물에 가라앉으니까요.

유아들은 '가벼워야 물 위에 뜬다.'는 선개념이 있었기 때문에, 여러 재료 중에 가볍고 물에 젖지 않은 재료를 선택했다. 예를 들어, 와플블록과 나무막대는 가벼우면서도 물에 젖지 않아 배를 만들기에 적합하지만, 종이상자는 물에 젖기 때문에 적합하지 않다는 것이다. 유아들은 물에 뜨는 재료와 뜨지 않는 재료를 실험을 통해 분류하고, 물에 뜨는 재료 중에 물에 젖지 않는 재료를 재분류하였다. 동시에 두 가지 조건을 고려하는 것이 쉽지 않음에도 유아들은 자신들만의 전략을 찾아나갔다.

실험 결과를 분류, 재분류하며 2가지 조건 동시에 충족하는 재료 찾기

한편 유아들은 '무거운 쪽으로 기울어진다.'는 선개념을 가지고 있다. 유아들은 양팔저울을 가지고 놀이해본 경험을 떠올리며 스팸 뚜껑 깃발이 달린 쪽으로 기울어지니 그쪽이 더 무겁다고 판단하였다. 교사는 무게중심을 잘 맞추면 한쪽으로 기울지 않고, 물에 가라앉지 않는다는 것을 알고 있었다. 하지만 유아들이 물에 뜨는 재료와 물에 젖지 않는 재료에 더 흥미를 보인다는 것을 발견하고, 그들의 흥미를 존중하였다.

달팽이를 태울 배 만들기로부터 시작한 배에 대한 흥미는 배를 만드는 재료 탐색으로 전이되었다. 다양한 실험을 걸쳐 배를 만드는 재료를 충분히 탐색한 유아들은 다양한 배의 종류와 쇠로 만든 배가 물 위에 뜨는 이유에 대해 궁금해했다. 유아들은 부력에 대한 과학 동영상을 보고, 동영상에 나온 실험을 따라하며 부력에 대해 알아나갔다. 그리고 배와 관련된 다양한 지식을 활용하여 다양한 종류의 배를 만들어 물에 띄우는 놀이를 했다.

7) 시간이 경과 한 뒤에 재발현된 흥미 : 우리가 만든 거북선과 판옥선

몇 달 후, 우리나라의 위인에 대해 알아보던 유아들은 이순신 장군에게 큰 관심을 보였다. 이때, 이전에 달팽이를 태울 배에 대해 가졌던 유아의 흥미와 배에 대한 지식이 이순신 장군의 거북선과 판옥선으로 이어지며 변형되었다. 교사는 거북선과 판옥선에 대한 책을 교실에 제공하고, 관련 영상을 보여주었다. 유아들은 인터넷으로 거북선과 판옥선의 그림과 도안을 찾아보며 직접 만들고 싶어 하였다.

재료부터 고르던 이전과 달리 유아들은 거북선과 판옥선의 그림과 도안을 보며 배의 구조를 파악하는 데 몰두하였다. 유아들은 전체적인 형태와 층수, 이순신 장군이 지휘하는 곳의 위치와 형태, 왜군을 무찌를 수 있는 무기의 종류와 배치 등 외형을 탐색하였다. 그리고 노의 모양과 꽂는 곳, 깃발에 쓰여 있는 한자의 모양과 의미, 앞면과 옆면의 그림 등 세부적인 모습을 살펴보았다.

다양한 자료를 통해 거북선과 판옥선의 구조 파악한 후, 구성하기

유아들은 매일 달라지는 거북선과 판옥선의 모습을 보며 뿌듯해하였다. 그러나 유아들은 용맹하고 튼튼해 보이는 거북선과 달리 자신들이 만든 거북선이 너무 귀여워 보인다고 하였다. 유아들은 원래의 거북선 그림과 자신들이 만든 거북선을 비교하며, 어떻게 하면 더 용맹하게 만들 수 있을지 고민하였다. 이는 유아들이 외형을 비슷하게 만드는 데서 나아가 전쟁에서 왜구를 무찌르기 위한 거북선의 용도까지 고려하기 시작했음을 보여주는 것이다.

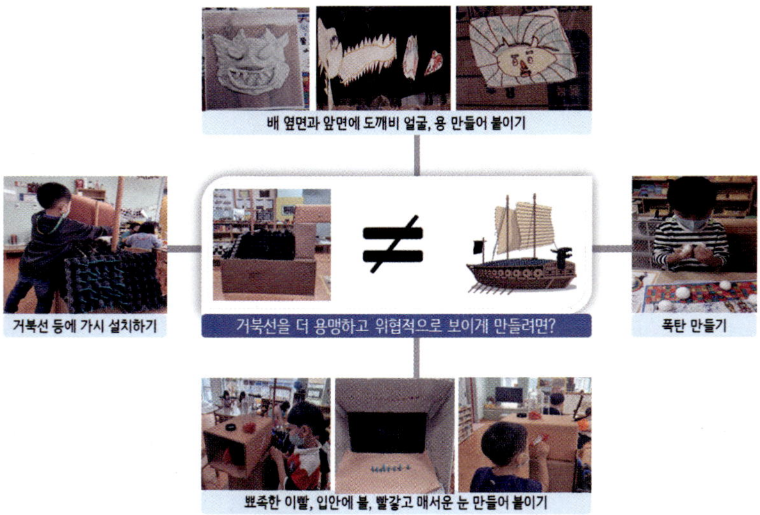

거북선의 용도를 고려하여 재구성하기

유아 1 : 거북선의 이빨을 최대한 뾰족하게 만들어야 해요. 그런데 친구들이 만지다가 다칠지도 모르니 빨대로 만들래요.

유아 2 : 눈알을 붙이니까 너무 귀여워 보여. 여기 사진처럼 빨간색 색연필로 화난 것처럼 그려야겠어!

유아 3 : 도깨비랑 용도 그려 넣어야 왜군들이 무서워하지. 도깨비가 얼마나 무서운데!

유아 4 : 이제야 좀 거북선 같아 보이네!

완성된 거북선과 판옥선

유아들은 여러 날을 거쳐 함께 협력하여 만든 거북선과 판옥선이 완성되자 큰 성취감을 느꼈다. 그리고 거북선과 판옥선을 만들면서 조사한 자료들을 바탕으로 과거시험을 보고, 거북선과 판옥선 대 일본의 세키부네선 전쟁놀이로 마무리하였다.

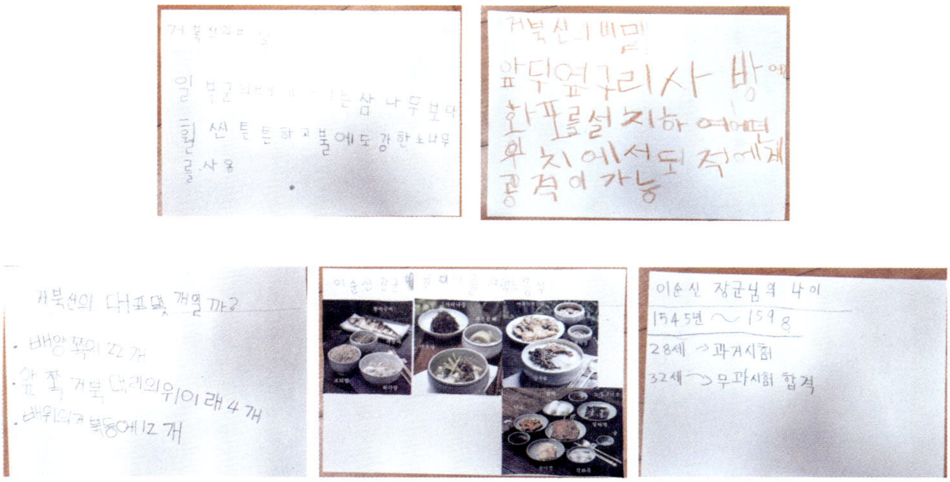

다양한 자료를 통해 거북선과 판옥선의 구조 파악한 후, 구성하기

긴 시간에 걸쳐 이루어진 '내 친구는 달팽이', '물에 뜨는 배 만들기', '우리가 만드는 거북선과 판옥선' 놀이 사례는 적절한 상황과 주제의 연결을 통해 유아의 흥미가 어떻게 다시 발현되어 심화 · 확장되는지에 대한 과정을 보여준다.

'내 친구는 달팽이' 놀이는 교실에서 키울 달팽이를 교사가 결정하여 유아들에게 제공하였다. 달팽이를 교사가 제공한 환경 중 하나로 생각한 유아들은 유아 중심으로 사고하며 달팽이가 살아가기에 부적합한 상황을 만들기도 하였다. 애착이 쌓일수록 유아들은 달팽이를 오래 잘 기르고 싶은 마음에 정보를 찾아보기 시작하였다. 비록 여러 시행착오를 거치고, 달팽이의 죽음도 맞이했지만, 그 과정에서 유아들은 달팽이에 대한 돌봄의 태도가 변화했고, 생명의 소중함을 느꼈다. 이에 비해 '내 소중한 친구, 짱구와 꽃순이' 놀이 사례에서는 유아들이 교실에서 기를 수 있는 동물의 조건을 살펴보고 햄스터를 맞이하기 위한 준비를 하며, 기르기 이전에 이미 햄스터에 대한 지식을 많이 습득하였다. 이러한 준비는 처음 만나는 순간부터 유아들이 짱구와 꽃순이를 공동체의 구성원으로서 받아들이게 했다.

배에 대한 흥미는 다른 주제를 거치며 확장되었다. 유아의 흥미는 달팽이 놀이터를 만들고, 배를 만들기 위한 여러 재료를 탐색하는 과정에서 생겨났다. 그런데 몇 달이 지난 후에 다시 배에 대한 기존의 흥미가 되살아나 거북선과 판옥선의 구조와 의미에 대해 알아보고 구성하여 역할놀이를 하게 된 것이다. '배 만들기'에 대한 흥미는 주제의 변화에 따라 다른 요소에 초점을 두고 다양한 양상으로 진행되었다. 유아들은 배를 만드는 재료, 구조와 쓰임새, 배를 띄우는 과학적 원리까지 스스로 구성하게 되었다. 이 사례를 통해 유아의 흥미가 자발적으로 지식을 구성하는 원동력이 된다는 교수학습의 원리를 다시 확인할 수 있다.

2. 놀이를 지속시키는 힘, '흥미'의 실천을 위해

하늘반의 '어디든지 갈 수 있는 길', 기린반의 '내 소중한 친구, 짱구와 꽃순이', 아카시아반의 '배를 만들어 보자' 놀이에서 유아들은 한결같이 놀이에 진심을 담았다. 흥미로워하는 놀이를 유아가 자발적으로 선택하였기 때문에 더욱 재미있게, 열심히 놀이하였다. 유아들은 성인이 가르쳐야 하는 존재, 도움을 주어야 하는 존재가 아니라 놀이 속에서 멋진 리더나 세심한 협력자가 되고, 갈등상황을 해결하고 규칙을 만들어가며, 궁금한 점을 알아내기 위해 스스로 탐구하고 문제를 해결하는 매우 유능한 존재였다. 정주인, 권귀염(2020)의 연구에 참여한 교사들 역시 놀이를 새롭게 만들어가는 유아의 능동적인 모습에서 그들의 내재적인 힘과 놀이에 대한 가치를 발견하게 되었고 유아와 유아의 놀이에 대한 믿음이 더욱 강해졌다고 하였다. 유아의 능력에 주목하고 믿음을 보이는 교사의 모습은 아동권리 중 참여권의 관점에서도 바람직한 변화라고 볼 수 있다(교육부, 2019).

교사는 구성주의에서 강조하는 능동적 주체이자 유능한 존재인 유아를 발견해야 한다. 그리고 유아가 놀이의 진정한 주인이 되도록 지원해야 한다. 유아의 놀이 경험은 교사에게 전수받은 지식을 재현하는 수동적 앎의 과정이 아니다. 능동적으로 탐구하고 계속해 새로움을 창조하는 과정이야말로 진정한 '배움'이 발생하는 순간임을 이해해야 한다(김재춘, 배지현, 2011; 류미향, 2019 재인용). 이를 위해 교사는 흥미와 학습의 이분법적 시각에서 벗어나 순간적이고 표면적인 흥미와 진정한 흥미를 구분하여 유아를 지원해야 할 것이다.

구성주의 유아교육 새롭게 보기 2:

놀면서 만나는 흥미, 실험, 협동

CHAPTER

02

실수와 도전으로부터 알아가는 '실험'의 실천

1. 자신의 아이디어를 시도하고 검증하는 실험
    - 토끼반의 '떼굴떼굴 뚝 구슬 놀이터' 놀이
    - 힘찬반의 '교실에서 놀이터까지 대형 도미노 만들기' 놀이
2. 자신의 아이디어를 시도하고 검증하는 '실험'의 실천을 위해

1. 자신의 아이디어를 시도하고 검증하는 실험

인간은 태어나서부터 호기심을 가지고 자신을 둘러싼 주변의 사물 및 자연환경을 끊임없이 관찰하고 반복적으로 탐구한다. 유아의 이러한 모습은 과학자와 유사하여 '타고난 과학자'라 말하기에 충분하다. 과학자처럼 실험하고 탐구하는 유아의 모습을 발견하게 되면, 교사는 유아가 자신을 둘러싼 환경과 자연에 대해 지속적인 관심을 가지고, 일상의 여러 문제를 해결하기 위해 적극적으로 참여하고 모색하도록 지원해야 할 것이다.

구성주의 관점의 실험은 바로 여기에서 시작한다. 유아가 물질, 물체, 동식물, 자연현상 등에 호기심을 갖고, 궁금한 것을 알아보려고 자발적 · 지속적으로 탐구 과정을 즐기며, 그 과정을 또래나 교사와 공유하는 것이 실험이다. 유아가 어떤 아이디어를 시도하다 기대한 대로 작동하지 않아 실패했을 때, 새로운 아이디어를 시도하는 일을 반복하며 생각을 발전시켜가는 과정이야말로 진정한 실험이다(곽향림, 2015). 실험은 미리 짜놓은 환경에서 교사가 제시하는 방법을 따라하는 일회성 이벤트나 마술쇼가 아니다. 유아가 자연스러운 놀이 중 실험할만한 상황을 포착하고 자신의 아이디어를 증명하는 데 몰입하여 탐구하며 지식을 구성해나가는 과정이다.

실험 과정에서 유아는 사전경험을 통해 얻은 선개념(perception)에 기초해 자신의 가설을 세운다. 선개념은 학습이 이루어지기 전에 다양한 경험을 통해 학습 내용과 관련된 개념을 능동적으로 인지구조에 구성해놓은 것으로 과학적일 수도 있고 비과학적일 수도 있다(정정희, 이현진, 신금호, 이효림, 정효진, 2021). 그러므로 유아의 실험은 매번 성공적일 수는 없다. 실험을 통해 원하는 결과를 얻지 못한 유아는 인지적 불평형을 경험하고, 무엇이 문제인지 분석하여 새로운 가설을 세워 자발적으로 재도전을 한다. 선개념은 안정적인 경우가 많아 쉽게 바뀌지 않는다.

그러나 실수와 도전으로부터 알아가는 실험은 유아의 선개념을 변화시킬 수 있는 훌륭한 기회가 된다. 역동적이고 상호작용적인 과정을 통해 유아 스스로 지식을 구성하는 것으로 보는 구성주의적 관점(Chaillè & Britain, 2000)에서 본다면, 실험에서의 실수적 아이디어는 유아의 지식 구성에 매우 중요한 역할을 한다(곽향림, 2015).

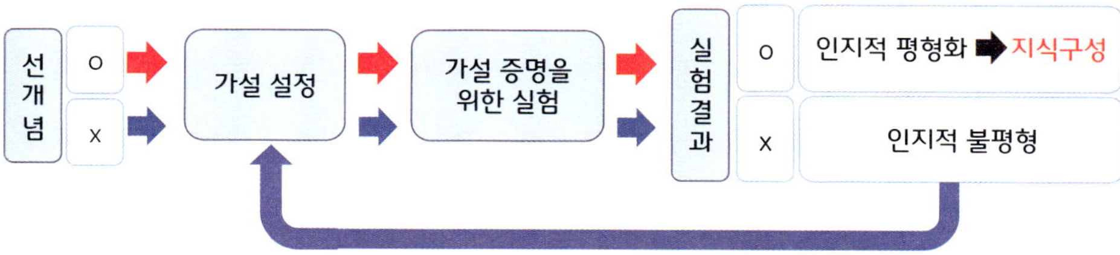

구성주의 관점의 실험 과정

구성주의 관점에서 '실험'을 살펴본 연구(이지연, 조부경, 2021)에서 유아는 진자 놀이에 참여하며 선행경험과 연관된 탐색하기, 반복적 탐색 즐기기, 문제 상황에서 해결방안 찾아가기, 다른 생각과 마주하며 확장하기, 행위 과정 중 과학적 지식 구성하기 등의 과학적 탐구경험을 했다. 유아의 과학적 탐구는 몰입을 위한 순간을 기다리고, 성취와 갈등을 이어가며, 정답이 아닌 나의 답을 찾아가는 의미가 있다. 서윤희(2016) 연구에서도 유아들은 비눗방울 놀이를 하며 자신의 행위와 비눗방울의 변화를 관계짓는 과학적 사고과정을 나타냈다. 처음에 바람을 세게 불어야만(조건) '큰 비눗방울이 나올 것'(결과 1)이라는 과잉 일반화된 가설과 '모양 비눗방울을 만들 수 있을 것(결과 2)'이라는 지각적 속성에 집중한 오개념이 있었다. 그러나 반복 실험을 통해 유아들은 비눗방울이 잘 나올 수 있는 조건을 찾아 다양한 상황에 적용해보는 과학적 사고를 나타냈다.

실수와 도전으로부터 알아가는 실험이 되기 위해 교사는 유아가 가진 선개념을 파악하고 존중하며, 잘못된 개념을 바로 잡을 수 있는 기회를 제공해야 한다. 유아의 실수적 아이디어를 잘못된 개념으로 보고 고쳐주어야 하는 것으로 간주하는 것이 아니라 또 다른 실험의 시작, 새로운 개념을 학습하기 위한 자원(McDermott-ti, 1991; Hammer & Elby, 2003; van Zee & Minstrell, 1997 ; 정정희 외, 2021 재인용)으로 그 가치를 인정하는 태도도 중요하다.

'실험'에 대한 사례는 토끼반의 '떼굴떼굴 뚝 구슬 경기장' 놀이와 힘찬반의 '교실에서 놀이터까지 대형 도미노 만들기' 놀이 두 가지이다. 두 사례 모두 유아가 물체에 행동을 가했을 때 반응이 일어나는 '생산성', 유아가 물체에 행동을 가하자마자 반응이 일어나는 '즉각성', 유아가 물체의 반응을 직접 눈으로 확인할 수 있는 '관찰성', 유아가 물체의 다양한 반응을 만들어내기 위해 행동을 다양하게 변화시킬 수 있는 '다양성'의 기준에 모두 부합하는 물리적 지식활동이다(곽향림, 2015). 두 사례에서 유아가 실험을 하게 된 계기, 유아가 가지고 있던 선개념, 실수적 아이디어가 과학적 지식으로 변화하는 과정과 이를 위해 교사가 어떻게 지원하는지를 살펴보겠다.

유아가 가설을 세우고 검증하며 지식을 구성하는 **토끼반의 '떼굴떼굴 뚝 구슬 놀이터' 놀이**

만 4세 토끼반

- 조작놀이영역에서 구슬 길 블록놀이하기
  → 쌓기놀이영역에서 유니트블록으로 구슬 길 만들기
  → '떼굴떼굴 뚝 구슬 놀이터' 놀이하기

핵심 Point

- 선개념을 바탕으로 가설 세우고 검증하기
- 탐구할 수 있는 충분한 시간과 장소 제공하기

놀이의 흐름

홍미의 발견

"더 길게, 더 복잡하게 구슬 길을 만들거야."

→

유아의 선개념 파악

"길이 끊기면 안되고, 튕겨나갈 수 있으니까 벽을 쌓아야 돼!"

→

유아의 가설 증명하는 실험1

"도대체 왜 구슬이 튕겨나가는거야!"

교사의 발견·지원

갈등상황을 기회로 바꾸기

- 구슬 길 블록의 배분과 장소의 크기에 대한 유아간의 갈등상황 발견
- 구슬 길 블록 놀이 규칙 만들기, 평가 반영하여 재수정

탐구과정 촉진하는 질문하기

- 관찰을 통해 유아의 선개념 파악하기
- 유아가 세운 가설을 검증하도록 실험 제안하기

문제해결의 기회 제공

- 가설이 틀린 원인에 대해 생각해 볼 기회 제공하기
- 사전경험과 연결하여 문제해결 방법 스스로 고안하도록 기다리기

놀이의 흐름

유아의 가설 증명하는 실험2

"더 길게, 더 복잡하게 구슬 길을 만들거야."

→

확장된 공간에서 실험하기

"더욱 커진 쌓기놀이영역에 구슬 길을 3개나 만들었어요."

→

매체중심놀이에서 주제중심놀이로

"떼굴떼굴 뚝 구슬 놀이터 놀이를 해요"

교사의 발견·지원

탐구과정을 촉진하는 질문하기

- 개념적 지식으로 연결하고, 오개념을 알아차릴 수 있는 질문하기
- 선개념을 문제상황에 적용하여 해결 방법을 고안할 수 있도록 하기

교사의 권위 축소

- 놀이 공간 운영의 선택권 유아에게 넘기기

흥미의 유지 및 심화

- 충분한 탐색과 실험과정을 통해 매체중심놀이하기
- 주제중심놀이에 필요한 역할, 소품 만들어 놀이하도록 지원

'실험'에 대한 첫 번째 사례는 만 4세 토끼반에서 이루어진 '떼굴떼굴 뚝 구슬 놀이터' 놀이이다. 토끼반 유아들은 새롭게 제공된 구슬 길 블록놀이를 하며 '구르는 것'에 관심을 갖고, 이러한 관심은 '떼굴떼굴 뚝 구슬 놀이터' 놀이로 이어졌다. 이후 우리 주변에서 구를 수 있는 다양한 것을 탐색하며 유아의 흥미는 바퀴로 전이되었고, 바퀴를 가진 다양한 교통기관으로 심화 확장되었다. 이 사례를 통해 유아가 가지고 있던 선개념 · 실수적 아이디어가 과학적 지식으로 변화하는 과정, 이를 위한 교사의 지원 등을 알 수 있을 것이다.

1) 흥미의 발견 : 더 길게, 더 복잡하게 구슬 길을 만들 거야.

토끼반의 새로운 놀잇감인 '구슬 길 만들기 블록'은 인기가 많아 유아들은 시간 가는 줄 모르고 몰입하여 놀이를 했고, 여러 명이 힘을 모아 점점 더 길고, 점점 더 복잡한 형태로 구슬 길을 만들었다.

친구들과 협력하여 복잡성이 증가한 구슬 길

구조물이 복잡해질수록 유아들은 자신이 예측한 대로 구슬이 굴러가는지 수시로 확인하며 구슬 길을 만들었다. 유아들은 구슬이 오래 굴러갈 수 있는 길을 만들기 위해 점점 더 높은 곳에서 시작하는 구슬 길을 만들었다. 그러나 블록의 특성상 높이 쌓으면 작은 진동에도 쉽게 무너져, 유아들은 조작놀이영역의 책상과 교구장, 교구 바구니를 구슬 길의 지지대로 사용하는 아이디어를 냈다.

주변 사물을 놀이자료로 활용

주변 사물을 활용했음에도 구슬 길 만들기에 필요한 블록이 많이 부족했고, 블록의 배분과 놀이 장소의 크기를 두고 유아들 간의 갈등이 발생하였다. 교사는 이 문제를 어떻게 해결할 것인지 유아와 의논하였고, 유아들은 구슬 길 블록 만들기 놀이 규칙을 만들었다. 유아들은 함께 만든 규칙을 실천하며 매일 평가시간을 가졌고, 평가사항을 반영하여 규칙은 계속 수정되었다.

2) 구슬 길 구성에 대한 유아의 선개념 파악 :

길이 끊기면 안 되고, 튕겨 나갈 수 있으니까 벽을 쌓아야 해!

한정된 블록 개수와 놀이 공간의 크기에 유아들은 여전히 불편함을 느꼈다. 유아들은 구슬 길 블록으로 구슬 길을 만들었던 경험을 바탕으로 쌓기놀이영역에서 유니트블록으로 구슬 길을 만들기 시작하였다.

구슬 길 구성에 대한 유아의 선개념 파악

유아 1 : 길 절대 끊어지면 안돼. 그러면 구슬이 멈추니까...

유아 2 : 맞아 맞아. 그리고 벽도 세워야 해. 구슬이 튕겨 나갈지도 모르거든.

유아 3 : 제일 높은 곳은 유니트블록보다는 튼튼한 우레탄 블록으로 만들자.

교 사 : 얘들아, 구슬을 굴리면 구슬이 어떻게 굴러갈 것 같아?
(유아의 선개념 파악하기)

유아 2 : 당연히 출발하는 곳에서 구슬을 굴리면 (손가락으로 가리키며) 이렇게 내려가서, 쭉 쭉... 마지막에는 미로를 슝하고 통과하겠죠!

교 사 : 유아 2의 생각이 맞는지 우리 한번 구슬을 굴려볼까?
(유아의 가설 확인 제안하기)

유아들은 구슬 길을 만들 때 길이 끊어지지 않아야 하고, 구슬이 구르며 튕겨

나갈 수 있으므로 길의 양옆에 벽을 세워야 하며, 지지대는 흔들리지 않게 쌓아야 한다고 이야기하였다. 교사는 구슬 굴리기에 대한 유아의 선개념을 파악하기 위해 "구슬을 굴리면 구슬이 어떻게 굴러갈 것 같아?"라는 질문을 하였고, 유아들은 손가락으로 구슬의 예상 진행경로를 가리키며 설명하였다. 교사는 유아가 '힘을 주면 구슬이 움직인다.', '경사로에서 구슬은 위에서 아래 방향으로 움직인다.', '길의 재질은 구슬이 움직이는 데 영향을 주지 않는다.', '새로운 힘을 가하지 않아도 구슬이 움직이는 힘의 방향이 바뀔 수 있다.', '구슬은 마찰력의 방해를 받지 않는다.'는 선개념을 가지고 있다는 것을 파악하였다. 그리고 일부는 오개념(뇌 구조 그림의 빨간색 부분)이라는 사실을 발견하였다. 교사는 배움의 기회를 포착하여 유아들이 세운 가설을 확인하기 위해 구슬을 굴려볼 것을 제안하였다.

3) 유아의 가설 증명하기 위한 실험 1 : 도대체 왜 구슬이 튕겨 나가는 거야!

유아들은 유니트블록으로 만든 구슬 길에 구슬을 굴렸다. 꺾인 길을 따라 구슬이 내려갈 것이라는 예상과 달리 꺾어지는 모서리 부분에서 구슬이 밖으로 튕겨 나갔다. 조작놀이영역의 구슬 길 블록은 양옆의 벽이 높고, 한 블록의 아래에 90도 각도로 다른 블록을 교차하여 놓는 형태로 구성하여, 구슬이 구르다 부딪히는 모서리 부분에서 아래 길로 떨어지고, 아래 있는 블록의 기울기 때문에 움직인다(하단 좌측 사진 참고). 그러나 유니트블록으로 만든 구슬 길은 기울기 때문에 구슬이 굴러가다가 꺾인 벽에 부딪히자 구슬이 밖으로 튕겨 나갔다.

구슬 길 블록과 유니트블록의 차이점 파악

유아들은 예상과 다른 구슬의 움직임에 놀랐지만 이내 모서리 부분의 벽을 높이 쌓았다. '구슬이 움직이며 튕겨 나갈 수 있으니 벽을 세워야 한다.'는 실천적 지식을 활용한 것으로 볼 수 있다.

가설에 근거한 유아의 예측

가설을 빗나간 실험 결과

<유아가 고안한 해결방법>
· 모서리 바깥쪽 블록 벽 높이기

유아 1 : 이상하다. 이렇게 밑으로 굴러갈 줄 알았는데 왜 튕겨서 나가지?

교 사 : 어떻게 해야 구슬이 튕겨 나가지 않을까?

유아 2 : 음... 아하, 여기에 벽을 쌓아볼까요? 구슬 길 블록도 옆에가 벽으로 되어 있으니까 구슬이 안 튕겨 나갔잖아요.

유아 1 : 오호, 좋은 생각이야!

4) 유아의 가설 증명하기 위한 실험 2 : 도대체 왜 내 생각대로 안 굴러가는 거야!

구슬 길을 재정비한 후, 유아들은 다시 구슬을 굴렸고, 유아의 예상대로 구슬은 높아진 벽에 부딪혀 방향이 바뀌어 기울어진 아래쪽으로 굴러갔다. 그러나 구슬은 마찰력에 의해 미로 모양의 도착 지점까지 굴러가지 못하고 카펫길 위에서 멈추었다.

처음에 유아들은 '길의 재질은 구슬이 움직이는데 영향을 주지 않는다.'와 '구슬은 마찰력의 방해를 받지 않는다.'는 오개념을 바탕으로 구슬이 도착 지점까지 굴러갈 것이라고 예상했다. 그러나 여러 번의 실험을 통해 구슬이 굴러갈수록 속도가 줄어든다는 것을 발견하고, 출발 지점에서 구슬을 더욱 세게 굴렸다. 유아는 마찰력으로 인해 구슬의 속도가 줄어드는 개념적 지식을 이해하지 못하고, 구슬을 굴리는 힘이 약해 구슬이 멈춘다고 생각하였다. 출발 지점에서 구슬을 세게 굴리는 모습을 볼 때 유아들은 '힘의 세기와 구슬이 굴러가는 속도는 관계가 있다.'는 지적관계를 형성한 것으로 볼 수 있다.

유아들은 너무 세게 굴리면 구슬이 튕겨 나가고, 너무 살살 굴리면 구슬이 도착 지점까지 굴러가지 않자 매우 당황해하였다. 유아들은 계속 힘을 조절하며 구슬을 굴렸지만 끝내 구슬은 도착 지점까지 굴러가지 않았다.

가설에 근거한 유아의 예측 가설을 빗나간 실험 결과

유아들은 포기하지 않고, 재도전하였다. 유아들은 구슬이 중간에 멈추었을 때 다시 구슬을 손가락으로 튕겨 구슬을 움직이게 하였다. 다시 움직이는 힘을 얻었음에도 카펫 위에서 구슬은 천천히 움직이다 이내 멈추었다. 교사는 "왜 구슬이 여기(카펫)에서 멈추었을까?", "(카펫 위에서) 다시 한 번 튕겨볼까?", "왜 멀리까지 구슬이 굴러가지 않는 것일까?"와 같은 상호작용을 통해 구슬 길의 재질에 따른 마찰력이 구슬의 움직임에 영향을 준다는 개념적 지식을 유아들이 알아차리게 지원하였다. 그리고 "왜 구슬이 미로길로 굴러가지 않을까?"는 질문을 통해 '경사가 있어야 구슬이 움직인다.'는 선개념을 본 상황에 적용시켜 생각해보고, '새로운 힘을 가하지 않아도 구슬이 움직이는 힘의 방향이 바뀔 수 있다.'가 오개념임을 알아차릴 수 있도록 지원하였다.

가설 중 실수한 요인을 제거하며 실험하고, 그 결과를 반영하여 재구성하기

유아들은 반복해 실험하며 가설이 잘못된 원인을 분석하고, 그 결과를 반영하여 다시 구슬 길을 만들었다. 유아들은 블록을 기울여 경사를 가파르게 하고(빨간색 동그라미 부분 참조), 도착 지점까지 유니트블록으로 길을 만들었으며, 미로 모양 대신에 일자 모양 길로 구슬 길을 완성하였다(노란색 동그라미 부분 참조). 유아들은 '구슬 길의 기울기가 가팔라지면 구슬이 빠르게 움직인다.'라는 새로운 개념을 습득하였고, '길의 재질은 구슬이 움직이는 데 영향을 주지 않는다.'와 '새로운 힘을 가하지 않아도 구슬이 움직이는 힘의 방향이 바뀔 수 있다.'는 기존의 생각이 오개념인 것을 알아차렸다.

5) 확장된 공간에서 실험하기 :

더욱 커진 쌓기놀이영역에 구슬 길을 세 개나 만들었어요.

매일 자유놀이가 끝난 후, 교사는 구슬 길의 어떤 부분이 달라졌는지 평가하는 시간을 가졌다. 다음 날 구슬 길의 어떤 부분을 어떻게 바꾸고 싶은지, 왜 바꾸고 싶은지, 더 재미있게 놀이하려면 어떻게 해야 할지 미리 계획해보도록 안내했다.

쌓기놀이영역의 유니트블록 구슬 길 놀이는 조작놀이영역의 구슬 길 블록 놀이 못지않게 유아가 몰입하는 놀이가 되었다. 점점 많은 유아가 놀이에 참여하기를 원해 교사는 이야기 나누기 시간에 이 문제를 의논하였다. 유아들은 음률영역까지 쌓기놀이영역을 확장하기를 원하였고, 교사는 유아들과 함께 놀이 공간을 재조정하였다. 쌓기놀이영역이 넓어지자 유아들은 기존의 구슬 길의 반대편과 가운데에 새로운 구슬 길을 구성하였다.

교실 내 공간의 자유로운 활용으로 인한 유아의 놀이 확장

6) 매체중심 놀이에서 주제 중심놀이로 유아의 흥미 전이 :
'떼굴떼굴 뚝 구슬 놀이터' 놀이를 해요.

유아들은 세 갈래 구슬 길에서 구슬을 굴리며 놀이하며 어떤 길에서 구슬을 굴릴 때 가장 빠르게 도착 지점에 도착하는지, 길을 이탈하지 않고 도착하는지에 대한 흥미를 갖게 되었다. 교사는 유아의 흥미를 지원하기 위해 구슬 굴리기 시합 결과를 종이에 기록하였다. 유아들은 구슬 굴리기 시합 결과를 적는 기록관과 심판 역할을 만들고, 미술영역의 스티커를 활용하여 '떼굴떼굴 뚝 구슬 놀이터' 간판을 만들었다. 언어영역에서는 놀이에 필요한 기록지, 선수 번호 표시 등을 만들었다. 유아들은 '떼굴떼굴 뚝 구슬 놀이터' 놀이를 하며 경기에 필요한 규칙('출발신호가 울리면 동시에 구슬을 굴려요.', '구슬이 밖으로 튕겨 나가면 구슬을 굴린 사람이 주워요.', '경기 차례를 지켜요.', '적당한 목소리로 응원해요.'등)도 의논하여 결정했다.

놀이에 필요한 역할과 소품 자발적으로 만들어 놀이하기

토끼반 유아들은 조작놀이영역 구슬 길 만들기 블록을 가지고 놀이하며 형성한 선개념에 기초해 가설을 세우고, 가설을 증명하는 실험을 하며, 예상한 대로 되지 않아도 포기하지 않고 원인을 분석하였다. 잘못 생각한 부분이나 요인을 제거하고 새로운 가설을 세워 실험하는 가운데 경사로에 대한 유아의 실천적 · 개념적 지식은 계속 재구성되었다. 교사는 적극적으로 개입하는 대신 유아의 실수와 도전을 격려하였으며, 실험 과정에 몰입하는 유아의 모습을 관찰하며 '유아는 타고난 과학자'임을 체감하였다. 이 사례에서 교사는 경사로에 대한 유아의 선개념을 파악하고, 유아의 놀이 과정 중에서 일어나는 개념 변화에 주목한 것이다. 그리고 놀이의 변곡점에 놀이 공간, 놀이자료, 놀이 시간 등을 유아 의견에 따라 유아의 실험을 지원하였다.

실험을 지속하고 발전시킬 수 있는 구조물의 유지

이 사례에서 주목할 부분은 유아의 실험이 계속되도록 구조물을 유지한 것이다. 다수의 유아교육기관에서는 정리시간이 되면 쌓기놀이영역과 조작놀이영역의 블록으로 만든 구성물, 미술영역의 작품 등을 정리한다. 정리시간에는 놀이한 모든 것을 정리해야 한다는 규칙이 있을 수도 있고, 대집단 활동을 위한 장소 확보를 위해서일 수도 있다.

어제에 이어 실험을 하고 싶은 유아들은 매일 아침 실험에 필요한 구조물을 다시 구성해야 한다. 그러다 보면 실험할 시간이 부족해진다. 유아들은 변인을 바꾸어 실험을 반복하며, 반복에서 오는 차이를 통해 지식을 구성해나간다. 그러기 위해서는 유아가 충분히 실험할 수 있는 시간이 확보되어야 한다. 정해진 자유놀이시간 동안 유아에게 실험할 충분한 시간을 제공하기 위해서는 기존의 구조물을 유지할 수 있어야 한다.

토끼반에서는 자유놀이시간이 끝나기 전, 영역에서 함께 놀이한 유아들끼리 모여 오늘의 놀이에 대해 평가하고 내일도 이 놀이를 이어서 할 것인지 결정한다. 그리고 '내일도 놀이할 거예요. 정리하지 마세요.' 표시를 한 후, 내일은 어떻게 놀이를 이어갈 것인지, 더 재미있게 놀이하려면 무엇이 필요한지 등에 대해 토론한다. 교사 또는 유아들은 토론의 내용을 기록하여 구조물 근처 벽면에 게시한다. 다음 날, 유아들은 벽면에 게시된 종이를 보며 어제의 놀이를 회상하고, 새로운 놀이를 계획한다. 이렇게 축적된 기록물은 유아의 놀이가 어떻게 발전되었는지, 이 과정에서 무엇을 알게 되었는지 유아들이 스스로 깨닫게 하는 역할을 한다.

유아가 원하는 경우에 구조물을 유지하여 실험을 반복하고 발전시키고, 이러한 과정을 축적하여 기록하는 과정을 통해 유아들은 놀이 속에서 유의미한 학습을 할 수 있다.

포기하지 않고 가설을 변경하고 실험을 이어가는
힘찬반의 '교실에서 놀이터까지 대형 도미노 만들기' 놀이

만 5세 힘찬반

- 쌓기놀이영역에서 도미노 만들기
  → 교실에서 놀이터까지 대형 도미노 만들기

핵심 Point

- 여러 번의 가설 설정과 조건 바꾸어 실험하기
- 포기하지 않고 재도전할 수 있도록 정서적 지원하기
- 문제의 원인과 실행원리를 파악할 기회 제공하기

놀이의 흐름

소수 유아의 흥미 발견

"우와, 저런 모양의 도미노도 있구나!"

→

끊임없이 도전하는 실험

"쓰러져도 괜찮아 다시 세우면 되지 뭐!"

교사의 발견 · 지원

놀이확장을 위한 자료 지원

- 충분한 탐색 후, 놀이의 반복 관찰
- 놀이형태의 변화 및 심화를 지원하는 다양한 놀이자료 제공

실패 후 재도전 격려하기

- 실패의 원인을 유아가 스스로 깨달을 수 있도록 기다려주기
- 포기하지 않고 재도전할 수 있도록 격려하기

놀이의 흐름

비디오 재방문 통해 도미노의 원리 발견

"드디어 알았어, 도미노가 왜 안 쓰러졌는지."

→

이전 실험의 결과 활용하기

"이쯤에 도미노를 놓으면 될거야!"

교사의 발견 · 지원

문제해결의 기회 제공

- 촬영한 동영상 반복하여 시청하며 문제의 원인 파악할 수 있는 기회 제공
- 문제해결 방법 스스로 고안하도록 기다리기

다양한 실험 상황 제공하기

- 높은 곳에서 낙하하는 형태의 도미노 상황 제공하기
- 이전 실험의 결과를 연결하여 생각해 볼 수 있는 상호작용하기

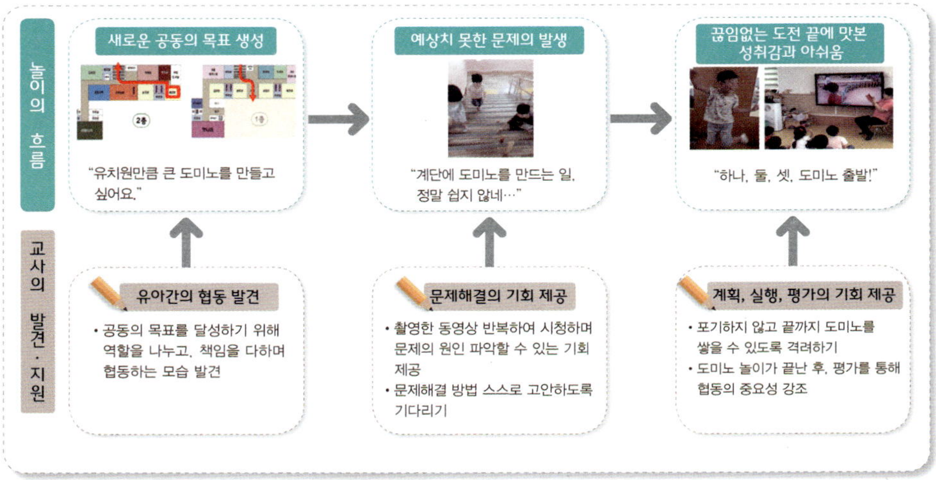

실험의 또 다른 사례는 만 5세 힘찬반의 '교실에서 놀이터까지 대형 도미노 만들기' 놀이 사례이다. 소수 유아의 흥미를 전체의 흥미로 전환하여 포기하지 않고 계속 조건을 바꾸어 실험하는 과정, 도미노를 만들며 문제 상황들을 어떻게 해결하는지에 대한 과정을 보여준다.

1) 소수 유아의 흥미 발견 : 우와, 저런 모양의 도미노도 있구나!

힘찬반의 유아 두 명은 쌓기놀이영역의 벽돌블록으로 도미노를 만들어 놀이하는 것을 즐겼다. 다른 유아들도 그들의 도미노 놀이에 흥미를 보이며 참여하였지만 같은 재료를 사용하여 같은 형태로 놀이가 반복되자 금세 흥미를 잃었다.

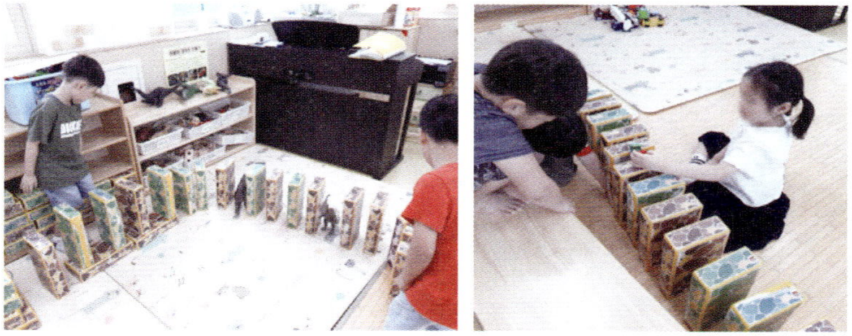

단순한 경로의 도미노를 반복적으로 구성

교사는 유아가 도미노 놀이에 큰 흥미를 가지고 있다는 점, 늘 동일한 재료만 사용하고 주로 직선 형태와 큰 타원형으로 도미노를 만든다는 점을 발견하였다. 이에 교사는 도미노 놀이를 할 수 있는 여러 놀잇감을 교실에 제공하고, 다양한 형태의 도미노 사진과 동영상을 유아들에게 소개하였다.

도미노에 대한 유아의 흥미 유지를 위한 교사의 지원

2) 끊임없이 도전하는 실험 : 쓰러져도 괜찮아! 다시 세우면 되지!

교사의 지원 이후, 더 많은 유아가 도미노 놀이에 관심을 갖게 되었고, 벽돌블록뿐 아니라 교사가 제공한 도미노 놀잇감을 사용하여 다양한 형태의 도미노를 만들기 시작하였다.

교사 지원 후, 놀이자료와 놀이 형태의 다양화

유아는 혼자 또는 여러 명이 모여 어떠한 재료로, 어떤 형태의 도미노를 만들지, 도미노 블록의 양을 어떻게 공평하게 나눌지 등을 의논한 후, 도미노를 만들었다. 특히 여러 유아가 힘을 모아 도미노를 만들 경우, 혼자 만들 때보다 더 크고 복잡한 형태의 도미노를 만들 수 있었다.

유아들은 도미노를 쓰러뜨리지 않고 잘 세우는 방법에 더욱 집중하였다. 그러다보니 도미노를 세우는 도중에 간격이 너무 좁아 쓰러져 버리거나 다 만든 후에 도미노를 쓰러뜨렸을 때에 도미노 간의 간격이 너무 넓어 도미노가 멈춰버리는 경험을 하였다. 유아들은 매우 속상해했다. 교사는 유아들이 다시 도미노를 만들 수 있도록 문제의 원인을 생각해보게 하고, 동시에 유아들의 시도를 격려하며 정서적인 지원을 했다.

계속되는 실패에 좌절하고, 울기도 했지만 포기하지 않고 다시 도전하는 유아들 유아들

대부분의 유아는 속상한 마음을 견디며 친구들과 힘을 합쳐 재도전하였고, 집중력을 발휘하여 조심스럽게 도미노를 세우며 자신의 행동을 조절하였다. 그리고 유아들은 놀이를 거듭할수록 도미노 간의 간격이 너무 넓으면 도미노가 쓰러지면서 다음 도미노를 쓰러뜨릴 수 없다는 것, 도미노 간의 간격이 좁을수록 더 많은 양의 도미노가 필요하다는 것을 자연스럽게 알게 되었다. 유아들은 도미노가 중간에 멈추지 않고 끝까지 다 쓰러지자 환호성을 지르며 다 같이 기뻐하였다.

3) 비디오 재방문 통해 도미노의 원리 발견하기 :

드디어 알았어, 도미노가 왜 안 쓰러졌는지!

유아들은 도미노 놀이를 계속 반복하며 중간에 멈추지 않고 끝까지 잘 쓰러지게 하는 방법을 찾아가기 시작했다. 그러나 곡선 부분에서는 중간에 도미노가 멈추는 경우가 많았다. 유아들은 완곡한 또는 가파른 곡선으로 도미노를 세우기도 하고, 곡선 부분의 도미노 간의 간격을 넓혀도, 좁혀도 보며 다양한 실험을 하였다. 수차례의 실험을 거쳐 유아는 도미노로 곡선 길을 만들 때에 어느 정도 간격과 곡면을 유지해야 하는지에 대한 경험적 지식을 갖게 되었다. 하지만 정확한 원리를 모른 채 경험에 의존하여 만들다 보니 실패하는 경우가 많았다. 교사는 도미노가 쓰러지는 장면을 슬로우모션 기능을 사용하여 촬영하여 유아들에게 보여주었다.

동영상을 반복해서 보며 도미노의 원리 발견하기

유아들은 지금까지의 도미노 놀이를 통해 '첫 도미노가 넘어지면서 다음 도미노에게 힘이 전달된다.'는 선개념만 갖고 있었다. 그런데 도미노가 넘어지는 장면을 느리게 여러 번 살펴보며 '도미노가 쓰러지면서 다음 도미노의 윗부분(무게중심 윗부분)에 부딪혀야 다음 도미노가 넘어진다.'라는 새로운 개념을 알게 되었다. 이후 유아들은 도미노를 세울 때에 넘어지면서 다음 도미노를 칠 수 있는 위치와 간격을 조절하였다.

4) 이전 실험의 결과 활용하기 : 이쯤에 도미노를 놓으면 될 거야!

유아들은 테이블이나 바구니 위에 도미노를 올려놓은 후, 힘을 주어 도미노를 넘어뜨렸다. 이렇게 넘어진 도미노는 테이블이나 바구니 아래로 떨어지면서 다음 도미노를 쓰러뜨렸고, 도미노는 길을 따라 쓰러졌다. 유아들은 이전의 실험 결과를 통해 알아낸 지식을 활용하여 두 번째 도미노 블록의 위치를 선정하였다.

실험 결과를 통해 알아낸 지식을 활용하여 새로운 도미노 구성하기

유아들은 편평한 곳에서 도미노를 넘어뜨릴 때보다 테이블이나 바구니 위에 있는 도미노를 넘어뜨릴 때에 나머지 도미노들이 더 빠르게 넘어지는 것을 발견하였다. 도미노는 넘어지면서 위치 에너지가 운동 에너지로 바뀌는데(역학적 에너지 보존) 높은 곳에 있는 도미노가 더 큰 위치 에너지를 갖고 있다가 운동 에너지로 전환되기 때문에 다음 도미노를 더 세게 넘어뜨려 더 빨리 넘어진다. 유아들은 여러 번의 실험을 통하여 도미노의 낙하지점을 예측하여 다음 블록의 위치를 세심하여 결정하였다. 편평한 곳에서 할 때보다 여러 가지 변수가 생길 가망성이 높기 때문에 유아들은 도미노가 끝까지 잘 쓰러질 수 있을까 조마조마해하며 실험을 하였고, 성공하면 더욱더 기뻐하였다.

5) 새로운 공동의 목표 생성 : 유치원만큼 큰 도미노를 만들고 싶어요.

도미노 놀이를 통해 협동의 중요성과 즐거움, 성취감을 느낀 유아들은 동영상으로 본 대형 도미노에 관심을 가지고, 힘찬반 모두가 힘을 합쳐 만들어보고 싶다고 하였다. 유아들은 도미노가 지나갈 경로를 결정하고, 각 구역별로 몇 명의 인원이 필요한지, 어떠한 자료를 사용할지, 어떤 모양으로 만들지 의논하였다.

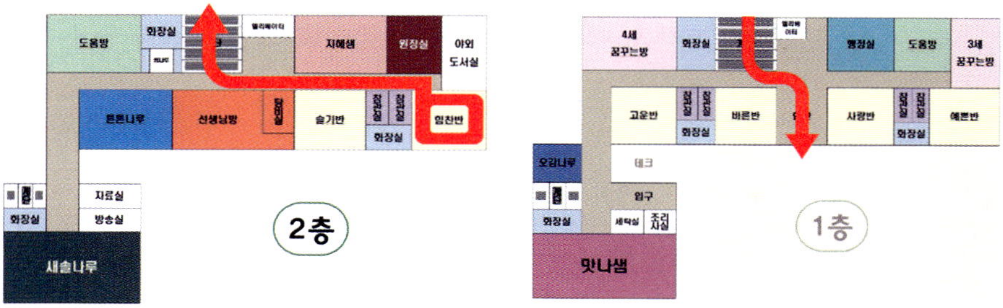

유아들이 계획한 '교실에서 놀이터까지 대형 도미노'의 경로

유아들은 4개로 팀을 나누어 교실팀은 색깔 나무 도미노와 벽돌블록, 2층 복도팀은 '지혜샘(도서관)'에 있는 책, 계단팀은 유니트블록, 1층 복도팀은 숫자블록과 원목 자동차 블록으로 도미노를 만들기 시작하였다.

책을 사용한 2층 복도팀은 다양한 크기, 두께, 무게의 책으로 실험을 하였다. 유아의 예상보다 훨씬 더 다양한 재질과 크기, 두께의 책들이 많아 도미노를 만들기에 적합한 책을 선별하는 과정이 생각보다 오래 걸렸다. 그리고 도미노 블록처럼 책을 세우려면 책 사이를 벌려서 세워야 자립할 수 있다는 것을 알게 되었다.

실험을 통해 도미노 놀이에 적합한 책의 기준 설정

유아 1 : 너무 얇은 책은 금방 쓰러져서 안 돼.

유아 2 : 맞아, 내가 방금 수첩을 세워봤는데 바로 쓰러졌어. 수첩은 안 되겠어.

유아 3 : 이건 어때? (무거운 책을 들고 와서)

유아 1 : 밀면 넘어지려나?

유아 3 : 한번 해볼까? (책을 세워두고 손으로 밀며) 된다. 무거운 책 괜찮은 것 같아. 잘 서 있고! 봐, 이렇게 하면(책 가운데를 살짝 펼쳐 벌림) 잘 세워져.

유아 2 : 그러면 두껍고 무거운 책을 찾아오라는 거지? 출동!

6) 예상치 못한 문제의 발생 : 계단에 도미노를 만드는 일, 정말 쉽지 않네...

유아들은 진지하게 도미노를 만들었고, 중간에 도미노가 끊어지지 않도록 도미노 사이의 간격을 고려하며 만들었다. 특히 계단팀의 경우, 첫 번째 도미노가 넘어지면서 두 번째 도미노의 윗면을 넘어뜨릴 수 있도록 위치와 간격을 고려하여 신중하게 도미노를 세웠다.

도미노 놀이에 대한 유아의 가설, 실험 후 재도전

그러던 중 한 유아가 실수로 유니트블록을 쓰러뜨렸는데, 예상과 달리 첫 번째 블록이 쓰러질 때 다음 블록이 쓰러지지 않았다(상단 사진 참조). 쓰러진 블록 길이가 짧아 다음 블록에 닿지 않았기 때문이다. 그러나 유아들은 블록 길이를 원인으로 생각하지 않고 도미노 사이의 간격이 넓기 때문이라고 판단하였다. 그래서 한 계단에 2~3개의 유니트블록이 들어가도록 도미노를 재정비하였다.

도미노 놀이에 대한 유아의 가설2, 실험 후 재도전

도미노 사이의 간격을 좁혔는데도 쓰러지면서 다음 블록을 쓰러뜨리지 못했다. 도미노를 설치한 장소가 계단이기 때문에 유아는 계단 한 칸의 길이와 도미노의 길이를 동시에 고려하여 도미노를 세워야만 했다. 그러나 이전까지 동일한 길이의 자료로 도미노 놀이를 하였기 때문에 유아들은 이러한 지식을 형성할 기회가 없었다.

유아들은 관찰을 통해 길이가 짧은 블록을 사용할 경우에는 다음 도미노와 간격을 좁히고, 길이가 긴 블록을 사용할 경우에는 다음 도미노와 간격을 조금 떼어도 된다는 것을 알게 되었다. 하지만 여전히 계단의 높이와 블록의 길이를 동시에 고려해야 한다는 점을 완벽하게 이해하지 못하는 듯 보였다. 그래서 계단팀의 도미노는 자주 끊겼다.

도미노 놀이에 대한 유아의 가설3, 실험을 통한 검증

7) 끊임없는 도전 끝에 맛본 성취감 그리고 아쉬움 : 하나, 둘, 셋, 출발!

각 구역의 유아들은 본인이 맡은 구역에서 도미노를 열심히 세웠다. 계단팀까지 모든 도미노가 완성되자 교사에게 동영상으로 촬영해 줄 것을 부탁하였다. "하나, 둘, 셋!" 신호와 함께 힘찬반 교실에 있는 첫 번째 도미노를 쓰러뜨렸고, 도미노가 차례차례 잘 쓰러지자 환호성을 지르기도 하였다. 예상과는 다르게 중간에 끊기는 구간이 발생하였지만 손으로 블록을 밀어 다시 도미노를 출발시켰다.

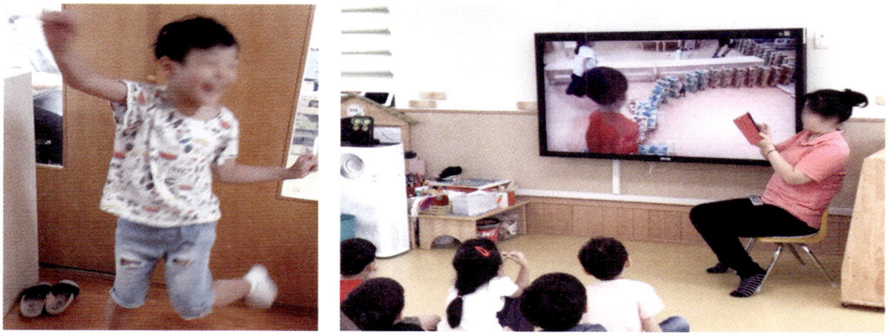

동영상을 보며 놀이 회상하고 평가하기

유아들은 힘찬반 교실에 모여 교사가 촬영한 영상을 시청하며 대형 도미노 놀이의 성공을 위해 끝까지 노력한 점에서 뿌듯해하였다. 그러나 2층 복도팀은 책이 자꾸 쓰러져서 계속 세워야 해서 힘들었고, 가운데를 벌려야만 세워지는 책보다는 밑면이 단단한 재료가 도미노 놀이를 하기에 적합하다고 평가하였다. 계단팀 역시 여러 번의 실패를 경험하며 도미노의 간격을 생각해 다시 세우는 과정이 너무 힘들고 어려웠다고 평가하였다.

힘찬반 유아들은 '교실부터 놀이터까지 대형 도미노' 놀이를 통해 공동의 목표를 달성하기 위해 친구와 지속적으로 소통하고 협력하며, 실패를 거듭하면서도 포기하지 않고 끝까지 도미노를 완성하였다. 이러한 과정을 통해 유아들은 즐겁고 자발적으로 할 수 있는 놀이 맥락에서 자신들의 능력을 발휘하는 능동적 주체가 되었고(교육부, 보건복지부, 2019), 놀이 속에서 자발적으로 규칙을 만들고 바꾸어 나가며 자발적 통제를 하였다. 교사는 미디어 활용 등의 여러 방법을 통해 유아가 실패하는 원인을 생각하고 성찰할 여러 기회를 제공하고, 이어지는 실패에도 좌절하지 않도록 정서적으로 지원했다.

유아의 물리적 지식 구성을 지원한 미디어의 역할

이 사례에서 가장 주목할 부분은 유아의 실험을 지원하기 위해 동영상을 촬영하여 유아와 공유한 부분이다. 직선 도미노 길과 달리 곡선 도미노 길을 구성할 때에는 도미노 간의 간격뿐 아니라 도미노를 놓는 각도를 동시에 고려해야 한다. 유아의 이해 수준에서 두 가지 조건을 동시에 고려하며 도미노 길을 구성하는 것뿐 아니라 고려해야 할 요소를 찾는 것 자체가 쉽지 않다.

이 때 교사는 유아에게 해결 방법을 직접적으로 제시하거나 가르치지 않고 유아들이 계속 조건을 바꾸어 가며 실험하고, 친구들과 해결 방법을 의논할 수 있는 충분한 시간을 제공하였다. 그러나 유아들이 계속 해결 방법을 생각해내지 못하며 흥미가 사라지려 하자 실험 조건과 결과를 다시 살펴볼 수 있도록 도미노를 촬영한 동영상을 유아에게 보여주었다. 유아들은 동영상을 보며 이전 실험 조건과 결과를 살펴보며 매 실험마다 달라지는 조건과 결과의 차이에 주목하기 시작하였다. 특히 슬로우모션으로 촬영한 동영상을 보면서 도미노가 다음 도미노의 어떤 부분을 어느 정도 맞추어야 쓰러지는지를 발견하였다. 이 동영상은 유아들에게 다시 문제해결을 하고자 하는 흥미를 생기게끔 하는 계기가 되었고, 도미노의 원리에 대해 과학적 추론을 할 수 있도록 하는 스캐폴딩의 역할을 하였다. 물리적 지식을 구성하기 위해서는 유아들이 물체를 직접 조작해보고 반응을 발견할 수 있어야 한다. 그러나 도미노처럼 조작에 따른 반응이 빠르게 진행되고, 실험을 위해 다시 도미노를 세워야 하는 경우, 미디어를 통한 재방문은 매우 효과적이라 볼 수 있다.

'교실에서부터 놀이터까지 대형 도미노' 놀이를 할 때에도 미디어는 그 역할을 톡톡히 해냈다. 유아들은 오랜 시간과 노력을 들여 교실에서부터 놀이터까지 도미노길을 만든 것에 비해 도미노가 쓰러지는 순간은 매우 짧았다. 유아들은 교실에서부터 놀이터까지 도미노길을 만들며 매우 보람되고 성취감을 느꼈지만 힘들어서 다시 하고 싶지는 않다고 평가하였다. 하지만 도미노가 끝까지 쓰러지는 순간을 영상으로 보며 너무 짜릿하고 행복했다고 하였다. 유아들은 다시 도미노를 만들지 않고도 동영상을 통해 성취의 순간을 반복해 경험할 수 있었다. 이것이 바로 미디어의 힘이다. 미디어의 장점을 잘 활용하면 놀이 속에서 유의미한 학습의 순간을 마주하고, 흥미를 지속시키는 데 큰 도움이 될 것이다.

2. 자신의 아이디어를 시도하고 검증하는 '실험'의 실천을 위해

토끼반의 '떼굴떼굴 뚝 구슬 놀이터', 힘찬반의 '교실에서 놀이터까지 대형 도미노 만들기' 놀이 속 유아들은 사전경험에 의해 형성된 선개념을 바탕으로 가설을 설정하고, 이를 증명하기 위해 실험을 하는 과학적 탐구과정을 거쳤다. 이 과정에서 한 번에 가설을 증명하기도 하지만 때로는 여러 번 실패를 경험하면서도 끊임없이 도전하고, 또 도전하는 모습을 보이기도 하였다.

우리가 유아교육현장에서 구성주의 관점의 '실험'을 전개하는 것은 생각만큼 쉽지 않다. 대부분의 교사들은 유아의 '흥미'를 먼저 떠올리고 이에 따라 놀이를 지원하려 하지만, 유아의 '흥미'만을 쫓아가거나 '흥미'가 사라진 교수 중심의 활동을 전개하기가 쉽다(조부경, 현윤희, 2014). 교사들은 '실험'에 몰입할 충분한 시간이 필요함을 인식하고 있지만, 탐색과 몰입의 시간을 제공하지 못하는 경우도 많다. 『경사로 활동을 통한 구성주의 유아물리과학 하기』의 저자 DeVries & Sales(2014)는 유아와 실험에 기초에 유아를 지원할 때의 교수원리 10가지를 제시하였다.

구성주의과학 교수원리

- 자료를 가지고 실험하면서 도전과 배움의 기회 경험하기
- 마음이 이끌리는 자료를 소개하면서 유아의 흥미 고무하기
- 유아가 아이디어를 품어보고 어떻게 해야 할지 궁리해 볼 수 있는 환경 조성하기
- 유아가 자신의 아이디어를 시도해 보도록 허락하기
- 유아의 추론을 이해하고 평가하기 위해 유아의 행동 관찰하기
- 유아의 생각을 격려하기 위해 질문과 코멘트로 개입하기
- 유아가 개입에 대해 반응하지 않으면 더 추구하지 않기
- 표상활동과 토론을 통해 유아의 구성활동 지지하기
- 모든 교과과정 영역을 구성주의 과학활동과 통합하기
- 사회적 상호작용 격려하기

이 사례에서의 교사들은 위의 원리와 같이 직접 개입하여 가르치기보다 유아의 놀이를 관찰하다 중요한 변곡점마다 유아의 놀이 속에서 유의미한 학습이 이루어질 수 있도록 지원하였다. 유아와 함께 고민하고 유아와 동등한 입장에서 의견을 제기하고, 대형 도미노를 성공시키기 위해 도미노 블록을 함께 쌓으며 성공의 기쁨을 느꼈다. 유승연(2020)의 연구에 참여한 교사들 역시 유아의 놀이에 동참하여 신나고 설레는 놀이의 감성을 느끼고, 유아와 교사 모두에게 신명나는 삶의 일부이며 배움의 일상이 되는 놀이의 가치를 느끼게 되었다고 하였다. 즉, 교사는 놀이자로서 유아와 가르치는 순간과 배움이 순간을 공유하며 놀이를 통해 교육적 요소를 경험한 것이라 볼 수 있다(Hyun, 2006, 2006/2008; 윤경옥, 이대균, 2020 재인용).

정리해보면, 유아의 구성주의 실험을 지원하기 위해 교사는 과학적 지식형성에 도움을 줄 수 있을 만한 인지적 갈등상황이 발생하면 유아가 충분히 탐색하고, 가설을 세우고 검증할 수 있도록 기회를 제공하는 것이 무척 중요함을 알 수 있다. 비록 유아가 오개념에 기초해 가설을 설정해 계속 실패하더라도 교사가 주도적으로 오개념을 바로잡기 보다는 유아의 힘을 믿고 기다려주는 것이 중요하다. 그리고 자발적이고 적극적인 탐구과정을 유아가 즐길 수 있도록 인지적 · 정서적 관심과 격려를 아끼지 않아야 한다.

구성주의 유아교육 새롭게 보기 2:

놀면서 만나는 흥미, 실험, 협동

CHAPTER

03

살며 놀며 함께 배워가는 '협동'의 실천

1. 즐거운 놀이공유경험과 사회도덕적 분위기를 만들어가는 협동

최근 유아교육에서 유아 · 놀이 중심교육의 가치를 재조명하고 지향하고 있으나 교육 현장의 활동을 실제로 지도해야 하는 교사에게 있어 유아 · 놀이 중심의 원리는 그리 간단한 문제라고 할 수 없다(유혜령, 2019). 유아중심교육은 무엇보다 교사와 유아, 유아와 유아 간에 협동과 상호존중이 있는 공동체적 삶의 교실 분위기에서 실천 가능하다. 구성주의 교실의 제1원리는 상호신뢰가 지속적으로 실현되는 협동하는 사회도덕적 분위기의 창출이다(DeVries, Zan, Hidebrandt, Edmiaston, & Sales, 2007).

사회도덕적 분위기란 교실 안에서 경험하는 전체적인 대인 간 관계의 망을 의미한다. 자율적이고 협동적인 교실 분위기를 만드는 데 중요한 단서는 교사이며(DeVries & Zan, 1997, 2012), 이는 교실의 사회도덕적 분위기가 교사와 유아 간의 관계의 특성에 따라 결정됨을 의미한다(곽향림, 2015). 즉, 교사의 권위가 유아에게 어떻게 작용하는가에 따라 교실 분위기가 달라지는 것이다. 따라서 구성주의 교육에서 공동체교실은 교사의 권위를 축소하거나 이양함으로써 교사와 유아가 동등한 관계를 유지하면서 함께 배우고 함께 가르치는 교육의 실천이 이루어지는 곳임을 강조한다.

공동체교실이 상호존중과 협동의 사회도덕적 분위기를 수립해 가는 교실이라면, 교육에서 '공동체교실'은 유아에게 어떤 의미일까? 교사와 유아의 관계가 서로를 존중하며 협동적일 때, 둘 사이에 심리적으로 동등한 힘의 관계가 균형 있게 형성된다. 이는 유아로 하여금 자율적인 자기 규제를 실행하게 하여 자율적 도덕성을 형성하도록 이끌고, 타인과의 관계 속에서 인간을 존중하는 내재적 신념을 구성하게 한다(DeVries 외, 2007). 이러한 사회도덕적 맥락은 동시에 유아가 자신의 개인적 흥미나 가치를 바탕으로 자율적으로 지식을 구성해 가는 것을 돕는다.

이에 DeVries와 Zan(1997, 2012)은 피아제의 이론에 기초해 교사가 자신의 권위를 축소하고 유아와 함께 삶 속의 문제를 민주적으로 해결해 가며 유아가 지적 · 도덕적으로 자율적인 삶을 살아가도록 협동과 상호존중의 공동체교실을 만들어 갈 것을 강조했다.

유아에게 공동체교실의 의미

구성주의 교수원리에서 강조하는 흥미, 실험, 협동이 가장 잘 돋보이는 순간이 바로 자유놀이 시간이다(DeVries 외, 2007). 유아는 놀이를 하며 자신의 삶을 실현하고 배움을 경험한다. 그래서 구성주의 교육의 꽃은 자유놀이라고 부른다(곽향림, 2015). 자유놀이 시간에는 토론, 실험, 협상의 과정에서 공동의 목표를 달성하기 위해 집단 역동성 및 지성을 발휘하며 공유된 이해에 도달함으로써 공동의 지식을 구성한다. 이때, 교사는 유아에게 일방적으로 지식을 전달하거나 가르치는 존재가 아니라 교실공동체의 동등한 구성원이자 공동의 지식 구성자로 존재한다. 공동체교실에서는 지식의 권위자를 특정하지 않고 구성원에게 권위를 균등하게 분산하고, 그들 간의 의미 협상과 협업을 통해 함께 공동체 지식을 구축해 나간다. 공동체의 한 사람으로서 교사의 제안은 권위에서 나오는 것이 아니라 유아와 함께 놀고 학습하는 놀이 공유경험과 동등한 관계에서 나온다. 따라서 공동의 주체성을 가진 유아는 교사의 제안을 수용하거나 거부하기도 하며 자신들의 흥미에 맞게 놀이 흐름이나 교육과정을 변형시키기도 한다. 즉, 교사와 유아가 함께 만들어 온 협동적인 사회도덕적 교실 분위기가 공동의 지식을 구성하는 과정에서 자율성을 발휘하게 하는 것이다.

놀이 안에서의 공유된 지식의 구성과정

한편, 구성주의 관점에 기초한 공동체교실은 교사와 유아의 삶이 만나는 장(場)이므로 필연적으로 갈등이 발생하게 된다(서근원, 2013; DeVries & Zan, 1997, 2012). 구성주의 교사는 갈등을 조망수용능력을 발달시킬 근원으로 생각해 유아가 협동하여 해결하도록 돕는다(곽향림, 2009). 조망수용능력은 타인의 감정과 의도를 생각하고 타인의 조망을 수용하여 자신의 조망과 협응시키는 능력이다. 이러한 능력은 유아의 삶에서 일어나는 갈등을 받아들이며, 지적 · 정서적 발달이 이루어지게 한다(곽향림, 2015). 유아는 타인의 욕구와 생각에 직면했을 때, 자기중심적 사고에 머무르는 경향이 있으며 조망수용능력이 부족해서 또래 간에 쉽게 갈등을 겪는다. 그러나 공동체교실에서 자신의 조망에서 벗어나 타인의 관점을 고려할 기회를 제공함으로써 타인과 함께 살아가기 위해 타인의 관점을 존중하며 협동해야 할 필요성을 느끼게 한다.

또한 공동체교실에서도 일상에서 해결해야 할 여러 문제가 생기지만, 유아와 함께 의논하고 결정한다. 예를 들어, 교실 내 공동의 문제가 발생할 때마다 이야기 나누기 시간을 통해 교실의 문제에 대해 토의나 토론을 하며 의견을 조율하고, 규칙을 함께 정하고, 때로는 투표를 하는 등 민주적인 해결 방법을 연습한다(DeVries & Zan, 1997, 2012). 이러한 민주적 의사결정 과정을 통해 유아들은 비판적 사고, 문제해결능력, 협업능력 등을 개발하게 되는 것이다.

구성주의 공동체교실에서 일어나는 놀이 속 갈등과 다양한 교실문제가 사회도덕적 능력을 기를 수 있는 긍정적인 자원(DeVries & Zan, 1997, 2012)임은 분명하다. 그러나 교사와 유아가 상호존중과 협동을 실천해 가는 것은 쉽지 않다. 갈등 및 문제상황에 직면했을 때 유아는 자신의 필요나 요구를 충족하기 위해 대인간 이해 수준에 따른 협상전략을 사용한다. 협상은 대인간 힘의 불균형이 존재하는 관계에서 일어나는 의사소통이고, 공유경험은 긴장이 없는 편안한 상태에서 일어나는 의사소통이다. 이때, 풍부하고 질 높은 놀이 공유경험은 갈등과 교실문제를 보다 민주적이고 협동적으로 해결하는 데 도움을 준다. Selman(1980)은 협상전략이 잘 작용하기 위해서는 공유경험이 필요하다고 강조한다. 즉, 교사와 유아 간에 쌓은 즐거운 공유경험으로 인해 서로 간에 애착이 잘 형성된 경우, 문제 해결이 잘 이루어지며 협동적으로 해결해 간다(곽향림, 2015).

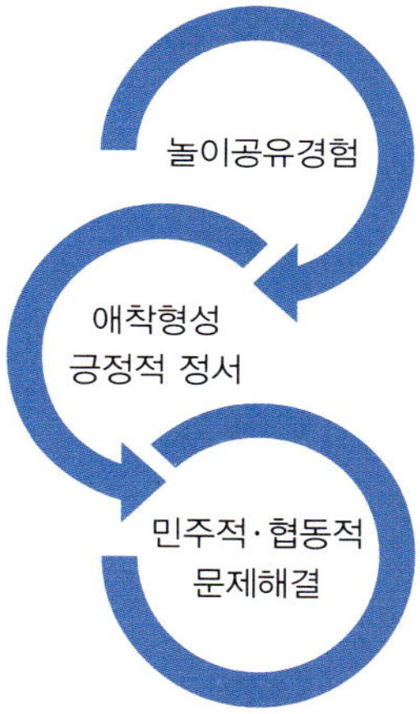

구성주의 교실의 민주적 문제해결 과정

이 장에서는 구성주의 교육의 중요한 교수원리인 '협동' 원리에 입각하여 공동체교실을 만들고 그 속에서 함께 배움을 실천하는 과정에 대해 다룰 것이다. 유아가 자신의 삶을 재현하고 배워나가는 놀이와 일상생활에서 협동이 어떤 양상으로 나타나며, 어떠한 역할을 하고, 어떻게 작용하는지에 대해 다양한 놀이와 일상생활 사례를 통해 살펴보고자 한다.

아래의 사례는 유아가 교실의 놀잇감을 자신들만의 방식으로 재해석하고 탐색하는 개별놀이를 거친 후, 공동놀이를 진행하는 과정에서 협동을 경험하는 모습이다. 공동으로 놀이하며 협동하고 공유하는 경험은 유아들이 함께 놀이하는 즐거움을 알게 했으며, 이후 다른 공동놀이를 시작하게 하는 발판이 되었다.

공동의 목적을 향한 공동놀이 즐거움의 발견
새싹반의 '색깔 공 바구니' 놀이

만 3세 새싹반

- 개별 유아만의 방식의 혼자놀이에서 같은 색깔 공 모으기로 이어지는 놀이

핵심 Point

- 공동의 목적(바구니에 같은 색깔 공을 모으기)을 달성하기 위한 공동놀이의 전개
- 만 3세 학기 초 유아의 또래 간 상호작용을 촉진하는 교사 전략

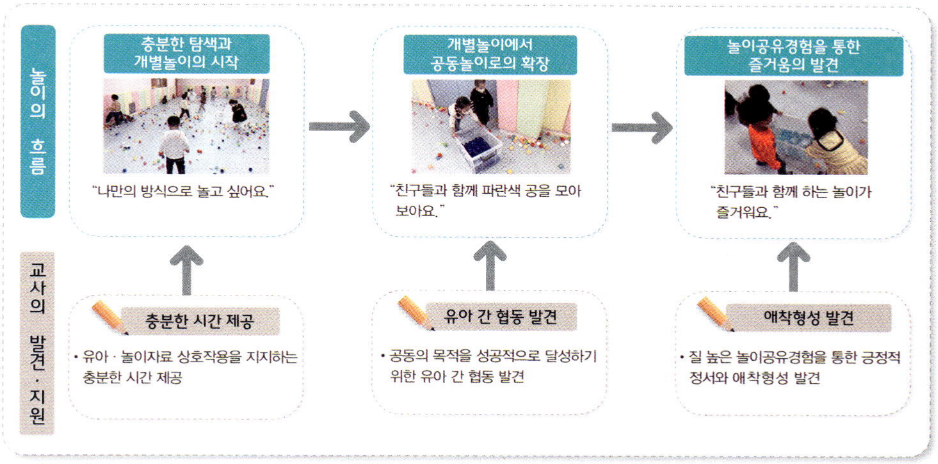

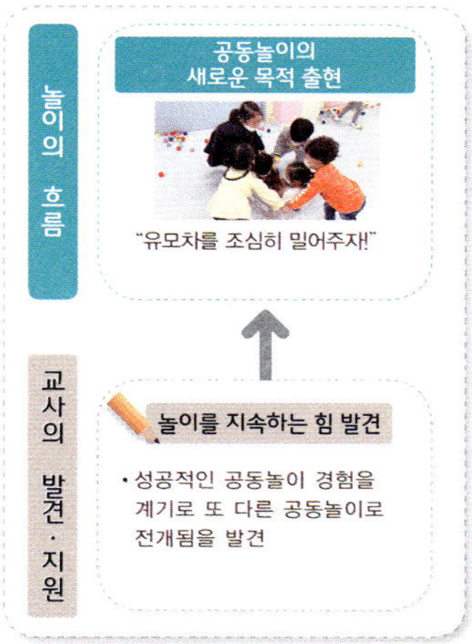

첫 번째 사례는 새싹반(만 3세)에서 또래와 협력한 놀이 사례이다. 유치원에 입학한 지 약 한 달 정도 지난 시점이므로 놀이를 함께 하기보다 개별로 놀이하는 모습이 많이 관찰된 상황이다. 이 사례에서는 공동으로 계획하고 협력하기보다 우연한 기회에 놀이를 함께 하며 공동의 목적을 달성하게 된 경우다.

1) 충분한 탐색과 개별놀이의 시작 : 공으로 내가 하고 싶은 놀이를 해요.

교사가 볼풀공 여섯 상자를 꺼내 주니, 유아들은 많은 공의 개수를 보며 놀라며 기뻐하는 모습을 보였다. 공이 담겨있던 상자를 엎어 공을 쏟아버리는 유아, 공을 모두 모은 후 한 번에 하늘 위로 던지는 유아, 공이 담긴 상자를 끌고 다니며 놀이하는 유아 등 자기만의 방식으로 개별놀이를 시도하고 즐기는 모습이 나타났다.

함께 놀이하는 모습이 나타나지 않는 아이들

지훈 : (분홍색 공과 파란색 공을 교사에게 보여주며) 선생님, 색깔이 예뻐요.

세아 : (볼풀공을 한 손으로 힘껏 잡으며) 공이 작은데, 내 손보다 크다.

다현 : (바닥에 있는 공을 가리키며) 이것 보세요. 공이 많아요.

도형 : (굴러가는 공을 가리키며, 신이 난 목소리로) 선생님, 공이 굴러가요.

시형 : (두 팔 가득 공 모은 것을 교사에게 보여주며) 나, 공 이만큼 모았어요.

유아들은 각자 공을 가지고 즐겁게 놀이하는 모습을 보였으나, 교사와의 상호작용을 시도할 뿐 다른 또래들과 상호작용하며 놀이하는 모습은 거의 나타나지 않았다.

2) 개별놀이에서 공동놀이로 확장 : 친구와 함께 파란색 공을 모아 보아요.

새싹반 유아들이 다양한 색의 볼풀공을 가지고 놀이하던 중, 한 유아가 공이 들어있던 상자를 끌고 다니면서 파란색 공만 상자에 담기 시작했다.

파란색 공만 상자에 담는 유아의 모습

상자에 파란색 공을 담는 것을 지켜보던 주변 유아들은 공을 담는 유아가 자기 앞을 지나가자 공을 주어서 건네주었다.

다현 : (손에 든 노란색 공을 건네준다.)

도형 : 이거 아니야.

시형 : (바닥에 떨어진 파란색 공을 건네준다.)

다현 : (파란색 공이 담긴 상자를 가리키며) 여기에 줘.

공 담기 상자를 끌고 다니는 유아에게 주변의 파란 공을 건네주며 유아들은 서서히 파란색 공을 찾는 것을 놀이로 생각하며 참여하기 시작했다.

세아 : (신이 난 목소리로) 파란색 여기 있다.

유준 : (파란색 공 세 개를 머리 위로 들며) 나, 세 개 찾았어.

지훈 : (상자) 같이 끌어줄게.

도형 : (큰 목소리로) 이만큼 모았다!

유아들은 공이 점점 많아지는 것을 보며 즐거워했고, 유아의 요청에 따라 파란색 공으로 가득 찬 상자의 뚜껑을 닫아주자, 새싹반 유아들은 박수를 치면서 기뻐하는 모습을 보였다. 교사는 개별놀이만 선호하던 새싹반이 다른 친구와 함께 놀이했을 때 즐거움을 느낀 첫 번째 의미 있는 경험이라고 생각했다.

함께 파란색 공을 모으는 유아들

3) 놀이 공유를 통한 즐거움의 발견 :

자, 지금부터 색깔이 같은 공을 함께 모아 보아요.

파란색 공을 상자에 다 모으자 유아들은 성취감을 느끼고, 이번에는 새로운 빈 상자에 각각 연두색의 공과 하늘색 공을 모으기 시작했다. 교사는 유아들을 언어적으로 계속 격려하며 놀이에 참여하도록 했다. 상자 안에 색깔 공을 모으는 과정에 새싹반 유아 모두가 참여하여 연두색과 하늘색 공 모으기 놀이를 즐기는 모습을 보였다.

상자에 하늘색 공을 담는 유아

상자에 연두색 공을 담는 유아

다현 : (연두색 공을 잡으며) 연두색 공(으로 상자에 담아) 할까?

도형 : (하늘색 공 2개를 주면서) 하늘색 공이 여기 많아.

시형 : (또래 이야기를 듣다 바닥의 하늘색 공을 잡으며) 하늘색 공, 또 찾았다.

다현 : (아쉬운 목소리로) 나는 연두색 하고 싶은데…….

세아 : (다현 앞으로 빈 상자를 가져오며) 그럼 여기에 연두색 같이 하자!

4) 공동놀이의 새로운 목적 출현 : 친구랑 같이 놀아요.

상자를 끌고 다니며 여러 색의 공을 함께 모으며 놀이하던 중 한 유아가 공을 모은 상자 안으로 들어가 다른 유아가 건네주는 공을 받았다. 그때 한 유아가 "자동차다!"라고 말하자, 상자 안에 들어가 있던 유아가 "이거 유모차야. 우린 아가야."라고 말하였다. 두 유아의 대화를 시작으로 색깔 공 모으기 놀이에서 즉흥적으로 변형된 새로운 놀이가 시작되었다.

다현 : (주변을 두리번거리며) 아가한테 음식을 줘야 해.
도형 : (노란색 공을 주며) 바나나 먹어.
시형 : (먹는 척을 하며) 응애~응애.
세아 : (상자에 들어가며) 나도 탈래.
다현 : (세아를 제지하며) 아가가 두 명이야. 이러면 (상자가)무거워.
유아들 : (상자를 밀면서) 그럼, 우리가 같이 밀어주자
세아 : (큰 목소리로) 얘들아 힘을 내.

두 명의 유아가 들어간 상자를 밀어주는 유아들

만 3세 반 유아의 첫 공동놀이인 '색깔 공 모으기 놀이'가 역할놀이로 바뀌며 또래 간 상호작용이 이루어졌다. 그리고 자유롭게 놀이하는 가운데 또래와의 관계 형성이 이루어지고, 부분적이지만 협력하는 모습이 나타났다. 서로 협력하는 것을 경험한 유아의 놀이 공유경험은 다른 공동놀이를 시작할 수 있는 힘이 된다.

공간의 확장을 통한 공동체교실의 범위 확장
열매반의 '교실에서 복도까지 대형 줄 만들기' 놀이

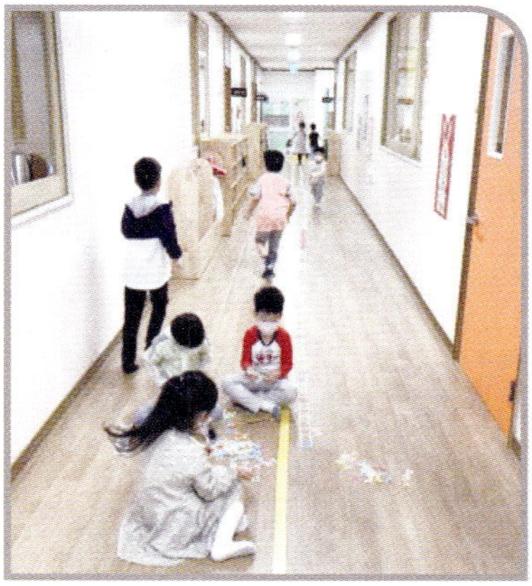

만 5세 열매반

- 블록을 이어 줄을 만들고 교실에서 복도까지 대형 줄 만들기로 이어지는 놀이

핵심 Point

- 공동 주체성에 기초한 역할 분담
- 역동적 집단 지성의 발휘로 이루어진 놀이(대형 줄 완성)

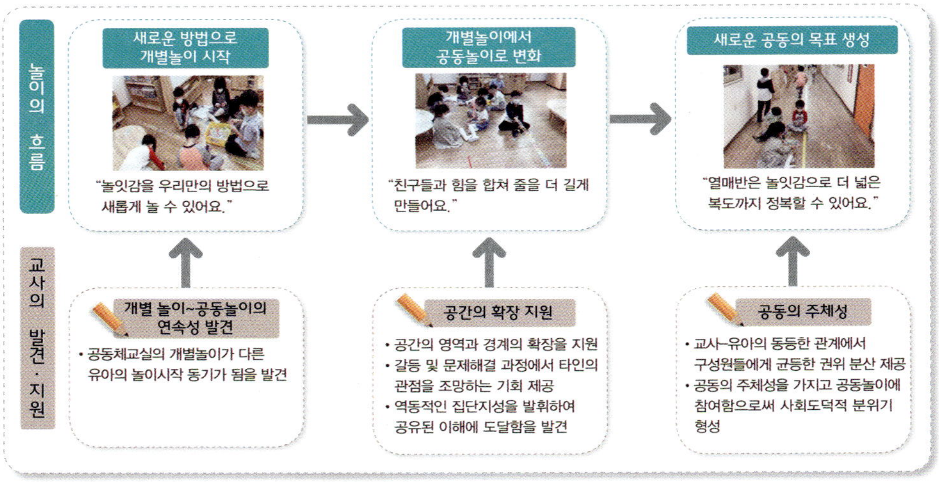
놀이의 흐름
새로운 방법으로 개별놀이 시작
"놀잇감을 우리만의 방법으로 새롭게 놀 수 있어요."
개별놀이에서 공동놀이로 변화
"친구들과 힘을 합쳐 줄을 더 길게 만들어요."
새로운 공동의 목표 생성
"열매반은 놀잇감으로 더 넓은 복도까지 정복할 수 있어요."
교사의 발견 · 지원
개별 놀이~공동놀이의 연속성 발견
• 공동체교실의 개별놀이가 다른 유아의 놀이시작 동기가 됨을 발견
공간의 확장 지원
• 공간의 영역과 경계의 확장을 지원
• 갈등 및 문제해결 과정에서 타인의 관점을 조망하는 기회 제공
• 역동적인 집단지성을 발휘하여 공유된 이해에 도달함을 발견
공동의 주체성
• 교사-유아의 동등한 관계에서 구성원들에게 균등한 권위 분산 제공
• 공동의 주체성을 가지고 공동놀이에 참여함으로써 사회도덕적 분위기 형성

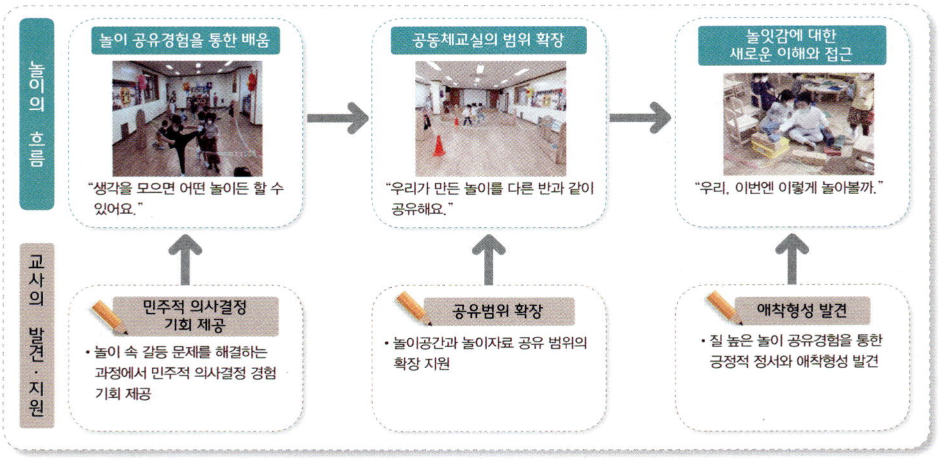
놀이의 흐름
놀이 공유경험을 통한 배움
"생각을 모으면 어떤 놀이든 할 수 있어요."
공동체교실의 범위 확장
"우리가 만든 놀이를 다른 반과 같이 공유해요."
놀잇감에 대한 새로운 이해와 접근
"우리, 이번엔 이렇게 놀아볼까."
교사의 발견 · 지원
민주적 의사결정 기회 제공
• 놀이 속 갈등 문제를 해결하는 과정에서 민주적 의사결정 경험 기회 제공
공유범위 확장
• 놀이공간과 놀이자료 공유 범위의 확장 지원
애착형성 발견
• 질 높은 놀이 공유경험을 통한 긍정적 정서와 애착형성 발견

두 번째는 열매반(만 5세)의 사례이다. 열매반 교실에 있는 놀잇감 중에 '플라이플라워'는 유아들이 다른 놀잇감에 비해 크게 흥미를 갖지 않았던 놀잇감이다. 플라이플라워는 원하는 방향대로 변형할 수 있고, 겹치거나 비틀 수 있어 다양하게 표현할 수 있는 교구이다. 그러나 다른 교구와 다르게 작품이 쉽게 만들어지지 않고, 조립하는 구멍이 매우 작아 유아들이 조립하는 과정을 어려워하기도 하였다. 이에 교사는 이 놀잇감 제공과 놀이 방법에 대해 고민하는 상황이었다.

보드마카와 플라이플라워 크기 비교

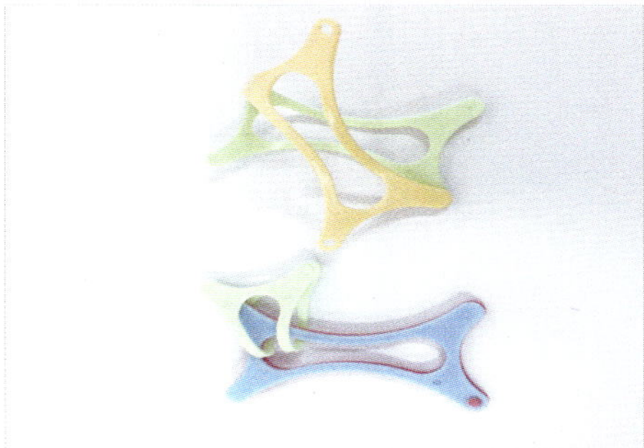

비틀거나 겹칠 수 있는 플라이플라워

1) 놀이의 시작 : 놀잇감을 새로운 우리만의 방법으로도 놀 수 있어요!

열매반 유아 두 명이 플라이플라워 놀잇감으로 길게 잇는 놀이를 하고 있었다. 처음에는 각자 자신들의 놀이를 진행하느라 두 친구의 놀이에 관심을 두지 않았다. 그러나 플라이플라워의 길이가 점점 길어지며 주변을 지나던 유아들이 그들의 놀이에 관심을 보이기 시작했다.

플라이플라워 놀이에 관심을 보이고 함께 참여한 유아들

다현 : (길게 이은 플라이플라워 놀잇감을 머리 위로 들며, 자랑스럽게) 이것 좀 봐. 엄청 길어졌지!

도형 : (놀이하던 두 친구 사이에 앉으며) 나도 같이 할래.

시형 : (자신이 만든 놀잇감을 등 뒤로 감추면서, 퉁명스러운 목소리로) 안 돼! 우리가 먼저 만들고 있었잖아. 다른 데서 해!

도형 : (바구니에 있는 놀잇감을 한 움큼 집으며) 그럼 나는 여기서 할 거야.

세아 : (상황을 지켜보다가 도형 옆에 앉으며, 다급하게) 나도! 나도 할래.

도형 : (바구니에 있는 놀잇감을 건네주면서) 그래. 이걸로 만들어.

2) 개별놀이에서 공동놀이의 변화 : 친구들과 힘을 합쳐서 줄을 더 길게 만들어요.

유아들은 길게 만든 플라이플라워 놀잇감을 늘어뜨리며 어떤 줄이 더 긴지 맞대어 재보기도 하고, 친구와 줄을 팽팽하게 당기면서 놀이하기 시작했다. 다른 유아들이 즐겁게 놀이하는 모습을 보고, 더 많은 유아가 줄을 길게 만드는 놀이에 관심을 보였다. 열매반의 모든 유아가 플라이플라워 줄 만들기 놀이에 참여하게 되자 놀잇감이 부족해 옆 반의 플라이플라워 놀잇감을 빌려오기도 하였다. 교사는 유아들이 문제해결 방법을 생각할 기회를 주고, 유아들의 시도를 격려했다. 놀잇감의 사용을 교실 내로 제한하지 않음으로써 영역 간 이동을 넘어 교실 간 이동으로 공간의 영역과 경계가 확장되도록 지원한 것이다. 유아들은 다른 교실로 찾아가서 놀이자료를 구하기 위해 협상하는 과정에서 대인 간에 어떤 협상전략을 사용해야 효과적으로 자신의 요구를 해결할 수 있는지 경험하게 되었다(DeVries & Zan; 2012; Selman, 1980).

플라이플라워 놀잇감을 당기는 유아들과 줄의 길이를 재보는 유아들

다현 : (자신이 만든 놀잇감을 늘어뜨리며, 자랑스럽게) 이것 봐. 나 진짜 길지.

도형 : (다현의 놀잇감에 자신이 만든 놀잇감을 대보면서) 내 것도 길어.

다현 : 내 거랑 같이 합쳐볼래?

다현 : (다른 유아의 놀잇감을 합쳐본 후) 우리 줄이 진짜 더 길어졌어.
(큰 목소리로)애들아! 우리가 1등으로 길어.

시형 : (자신이 만든 놀잇감을 건네주면서) 내 것도 같이 합쳐 줘.

다현 : (큰 목소리로) 우리 줄을 전부 다 합쳐서 엄청 길게 만들자.

세아 : 얘들아, 만든 거 다 합치자!

유준 : 좋아, 좋아. 이것도 합쳐줘.

유아들은 각자 만들었던 줄을 연결하여 전체 줄이 길어지는 것에 흥미를 느꼈다. 함께 하는 놀이에 흥미를 느낀 유아들은 이야기 나누기 시간에 줄을 더 길게 만들기로 했다. 유아들은 흩어져서 짧은 줄을 만들어 길게 연결하는 과정을 반복했다. 유아들은 혼자 만들 때보다 짧은 시간에 줄을 더 길게 만들 수 있다는 경험을 하였다. 그러나 플라이플라워 놀잇감의 특성상 길게 만들고 싶은 마음과 노력에 비해 줄의 길이가 쉽게 길어지지 않았다. 공동의 목표를 달성하기 위해 노력하며 유아들은 포기하지 않는 모습을 보였다. 대신, 도전적 과제에 지친 일부 유아들은 "잠시 쉬어야겠다."라고 이야기하고 줄을 연결하는 역할 대신 줄을 연결하고 있는 다른 유아들에게 놀잇감을 전달해주는 역할을 함으로써 놀이를 포기하기보다는 새로운 역할을 찾아 놀이에 계속 참여했다. 유아들은 또래들과 힘을 합쳐 줄을 길게 만들다 교실의 공간보다 더욱 길게 만들게 되었다. 길게 이은 줄이 교실의 모서리 끝에서 끝까지 닿자 유아들은 박수를 치며 다 같이 기뻐하였다.

다현 : (길게 이어진 놀잇감을 가리키며, 기쁜 목소리로) 와! 이것 보세요. 선생님, 줄이 문 앞까지 왔어요.

도형 : (자랑스러운 표정으로) 우리 진짜 멋지죠? 유치원에서 제일 길이가 길거에요.

시형 : 얘들아, 우리가 해냈어. (걱정스러운 표정과 목소리로) 그런데 이제 교실 끝까지 도착해버려서 이제 어떡하지?

세아 : (아쉬운 목소리로) 더 하고 싶은데……

교사 : 줄을 길게 이어보는 놀이가 재미있었나 보구나?

시형 : (속상한 목소리로) 네. 그런데 이미 너무 길어요.

교사 : (시형이를 바라보며) 진짜 너무 길어졌구나. 어떻게 하면 좋을까?

세아 : (간절하게) 복도로 나가면 되지 않을까요? 선생님, 복도 나가도 돼요?

유준 : (걱정하는 목소리로) 우리 아마 복도는 너무 길어서 못 할 거 같아.

세아 : (강한 목소리로 크게) 우리가 힘을 합치면 또 만들 수 있어!

교사 : 선생님도 열매반 친구들이 더 즐겁게 놀이할 수 있도록 복도에 나갔으면 좋겠지만 복도에 다른 반 친구들이 이동하는데 불편하면 어떡하지?

도형 : (손을 들면서) 누가 지나갈 때는 비켜줄게요.

시형 : (도형이를 보면서) 그리고 다른 반 친구들 시끄럽지 않게 작은 목소리로 이야기 하자.

유준 : (교사를 바라보며) 그리고, 우리 선생님 보이는 곳에만 있을 거라서 안다칠 거예요.

도형 : (기쁜 목소리로) 우리 약속 잘 지킬 수 있어요!

세아 : 맞아요! 우리 (놀잇감을 가리키며) 이거 유치원 정복하려면 복도에 나가야 해요.

교사 : 그래. 그럼 복도에서도 약속 잘 지키면서 놀이해보자!

열매반 유아들은 개별놀이에서 교실의 넓이만큼 긴 줄을 만들게 되었다. 그러나 유아들은 공동놀이를 전개하는 중에 '교실만큼 길어진 플라이플라워를 어떻게 하면 좋을 것인가?'에 대한 새로운 문제에 직면하게 되었다. 놀이 과정 중 직면한 문제를 해결하기 위해 서로의 생각과 지식을 주고받았으며, 토론하고 협의하는 과정을 통해 역동적인 집단 지성을 발휘함으로써 '교실보다 더 넓은 복도에서 줄을 잇는 놀이를 지속하자.'라는 공유된 이해에 도달하게 되었다. 그 과정에서 교사는 새로운 갈등 상황을 두려워하기보다는 갈등을 서로의 생각을 이해하고 조율하는 장(場)이라고 생각하며, 지속적으로 새로운 문제를 제기했다. 결과적으로, 이러한 문제해결 과정을 통해 유아들은 교실에서만 놀이할 수 있다는 통념에서 벗어나 공간을 확장하여 놀이를 이어갈 수 있다는 새로운 경험지식도 획득하게 되었다.

3) 새로운 공동의 목표 생성 :

열매반은 놀잇감으로 더 넓은 복도까지 정복할 수 있어요.

플라이플라워 놀잇감으로 긴 줄을 만드는 과정을 통해 유아들은 또래들과 협동하며 놀이하는 즐거움과 성취감을 느꼈다. 또한 놀이 과정 중 새롭게 직면한 문제를 해결하기 위해 토론을 하고, 협의하는 과정을 통해 놀이를 지속하기 위해서는 더 넓은 공간이 필요함을 인식했다. 더 넓은 공간인 복도로 놀이공간을 확장하게 됨에 따라 유아들은 어느 방향으로 줄을 길게 이어갈 것인지에 대해 의견을 조율하였고, 역할 분담을 통해 각자 연결할 보조 줄을 만들어주는 유아, 연결점을 이어주는 유아, 놀잇감을 이동시켜주는 유아, 어디까지 줄이 도달했는지 알려주는 유아, 길이를 발로 재어주는 유아 등 유아들은 자신의 역할을 스스로 정하여 모두 한마음으로 복도에 긴 줄을 만들었다.

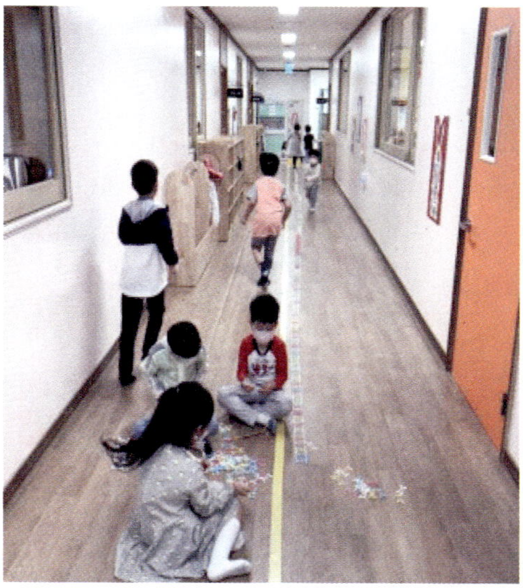

역할 분담을 통해 복도에 긴 줄을 만드는 유아들

도형 : (당황한 목소리로) 어? 이제 없다. 플라이플라워 더 필요해.

다현 : (다급한 목소리로) 이제 다 떨어졌어? 선생님, 플라이플라워가 없어요?

교사 : 플라이플라워가 없구나. 어떻게 할까? 생각나는 방법이 있니?

다현 : 다른 건 안 돼요. 플라이플라워가 필요해요.

교사 : 우리 교실 말고 또 어디에 있을까?

다현 : (달려가며) 내가 꽃잎반에서 플라이플라워 더 달라고 말하고 올게요!

도형 : (작은 목소리로) 조금만 천천히 가라고.

다현 : (작은 목소리로) 알겠어. (빠른 걸음으로) 나 빨리 다녀올게.

교사 : 그럼 우리는 무얼 하면 좋을까?

도형 : (만들던 줄을 들어 올리며) 그동안 우리 만든 거 이어보자!

세아 : (줄 옆으로 걸어가면서, 놀라면서) 우와! 나 우리 지금 (걸음으로) 삼십 번 넘게 길어졌다.

유준 : (다급하게) 나는 어느 정도 남았는지 알려줄게! 이제 발로 다섯 번만 가면 복도 끝이야!

지훈 : (바구니를 가리키며) 이쪽에 플라이플라워가 더 필요해.

태성 : (다급한 목소리로) 내가 가져다줄게. 조금만 기다려.

태연 : (벅찬 목소리로, 폴짝폴짝 뛰며) 선생님, 우리가 복도를 점령했어요!

서진 : 어디, 어디? 우와 진짜다!

유아들 : (제자리에서 뛰면서) 와! 우리가 복도까지 점령했다!

유아들은 같은 층의 모든 반에서 플라이플라워 놀잇감을 빌려올 정도로 많은 양을 더해 하나의 줄을 완성했고, 모두 기뻐하였다. 한참 놀이를 즐기다 보니 점심시간이 가까워졌고 유아들은 새롭게 설정한 공동의 목적을 달성하자마자 또 다른 문제에 직면하게 되었다. 새롭게 등장한 문제는 '복도에 펼쳐 놓은 놀잇감을 어떻게 할까?'였다. 교사와 유아들이 함께 의견을 나누어본 결과, 다른 반 유아들이 지나가다가 실수로 줄을 끊을 수 있으니 교실로 가져가는 것으로 의견을 모았다.

다현 : (걱정스러운 목소리로, 놀잇감을 가리키며) 이거 동생들이 발로 차서 끊어지면 어떡해?

도형 : (아쉬운 목소리로) 조금 이따가 또 놀고 싶은데…….

서진 : (도형이를 바라보며) 그렇지. 우리 정리하기 싫지.

시형 : (교사를 바라보며) 선생님, 그냥 복도에 놔둬도 돼요?

교사 : (시형이를 바라보며) 그럼 플라이플라워를 복도에 놔두고 밥을 먹고 오는 것이 좋을까? 모두 같은 생각이니? 또 다른 방법은 없을까?

도형 : (다급하게 손으로 X자를 만들며) 안돼요! 동생들이 급식실 가다가 우리 거 다 부술지도 몰라요.

교사 : (도형이를 바라보며) 동생들이 복도를 지나갈 때 너희가 만든 것이 망가질까 봐 걱정되는구나? 그럼, 놀이를 정리하지 않고 놀잇감도 망가지지 않게 할 수 있는 더 좋은 방법은 무엇이 있을까?

시형 : (큰 목소리로) 그럼 반에 넣어 두면 되지!

세아 : (걱정스러운 목소리로) 너무 긴데 어떻게 넣어?

유준 : 일단 줄을 한 곳으로 가지고 와 볼게!

세아 : (다급하게) 아니야. 너무 많아. 그냥 넣으면 모두 엉켜서 못 가지고 놀 거야.

지훈 : 그럼 우리 테이프처럼 말자.

태성 : 동글동글 말자.

길게 만든 플라이플라워 놀잇감을 동그랗게 모은 유아들

유아들은 플라이플라워로 만든 줄을 교실로 가져가겠다는 공동의 목적을 가지고 줄을 둥글게 말기 시작했다. 처음에는 들고 갈 수 있을 정도로 가벼웠으나 점점 무게가 무거워지자 유아들은 말아둔 부분을 내려놓고, 나머지 부분을 잡아 다 함께 주위를 돌면서 말기 시작했다.

4) 놀이 공유경험을 통한 배움 : 생각을 모으면 어떤 놀이든 할 수 있어요.

점심 식사를 하며 열매반 유아들은 자신들이 만든 줄을 가지고 어떤 놀이를 할지 고민하며 서로 의견을 교류하는 이야기가 끊이지 않았다. 협업하는 즐거움을 느끼게 된 유아들은 '개별로 어떤 놀이를 할 것인가?'가 아니라 '친구들과 함께 할 새로운 놀이'에 대해 고민하는 모습이 보였다. 유치원 끝까지 줄을 계속해서 이어 만들고 싶다는 유아, 긴 줄로 줄넘기를 하고 싶다는 유아, 정글놀이를 하고 싶다는 유아, 거미줄 놀이를 하고 싶다는 유아 등 다양한 의견이 나왔다. 이렇게 다양한 의견을 내놓은 유아들은 민주적인 의사결정을 위해 투표를 제안하였다. 투표를 진행한 결과, 많은 유아가 '거미줄 놀이'를 하고 싶다고 희망하였다. 유아들은 자신들이 만들었던 긴 줄을 강당에 펼쳐서 거미줄을 만들기 시작하였다.

다현 : (벽면에 블록을 테이프로 붙이면서) 줄이 미끄러져서 안 붙어요.
도형 : (선생님을 바라보며 간절한 목소리로) 선생님 도와주세요.

풀, 테이프, 찍찍이 등 붙이는 도구를 모두 동원하였으나 줄의 무게가 무거워서 버티지 못하였다. 교사는 유아들의 놀이를 지원해 주고자 각 반의 옷장을 끌고 와서 옷걸이 사이사이에 줄을 끼워 거미줄을 완성하도록 지원했다.

거미줄 놀이를 하는 열매반 친구들과 관심을 보이는 다른 반 유아들

다현 : (신난 목소리로) 진짜 거미줄이 되었어!

도형 : (다급하게 줄을 피하며) 줄에 닿으면 거미줄에 붙는 거야!

다현 : (거미 흉내를 내며) 으아아, 난 거미다.

시형 : (거미를 가리키며) 거미다! 얘들아 피해!

세아 : (반대 방향을 가리키며) 이번에는 내가 저쪽으로 지나가 볼게.

유준 : (다급한 목소리로, 거미줄에 걸린 흉내를 내며) 도와줘! 거미줄에 붙어버렸어.

지훈 : (큰 목소리로) 벌레야 기다려. 내가 구출해줄게.

거미줄 놀이에 상상놀이가 더해진 벌레 구출작전 놀이까지 확장되면서 유아들은 더욱 흥미를 보이며 몰입하였다. 열매반 유아들의 즐거운 말소리와 웃음소리에 다른 반 유아들이 창문 너머로 구경하거나 문밖으로 나와 구경하는 상황이 벌어졌다. 그 모습을 본 열매반 유아들은 다른 반 유아들에게도 거미줄 놀잇감을 빌려주자고 제안하였다.

5) 공동체교실의 범위 확장 : 우리가 만든 놀이를 다른 반과 같이 공유해요.

다현 : (문 쪽을 가리키면서) 저기 좀 봐. 동생들도 거미줄 놀이하고 싶나 봐.

도형 : (다른 반 친구들을 가리키며) 다른 반 친구들도 보고 있어.

시형 : (기뻐하는 목소리로) 우리가 만든 것이 재밌어 보이나 봐.

세아 : (작은 목소리로) 빌려줄까?

시형 : (기뻐하는 목소리로) 선생님한테 다른 반 친구들도 빌려주라고 하자!

유준 : 선생님, 다른 반 친구들도 와서 하라고 해요.

지훈 : (다급한 목소리로) 내가, 내가 어떻게 노는 건지 알려줄 거예요!

열매반이 만든 거미줄 놀이 공간을 다른 반 유아들이 놀이하는 모습

열매반 유아들은 자신들이 만든 놀이를 다른 학급 유아들과 공유하고 싶어 했다. 유아들이 놀이공간과 놀이자료를 공유한 덕분에 다른 학급 유아들이 거미줄 놀이를 경험했다. 열매반 유아들은 자신들의 놀이 공유경험을 다른 학급의 유아들과도 공유하는 경험을 했다. 열매반의 거미줄 놀이는 공유된 이해를 추구하는 과정에서 특정 권위자 없이, 유아 모두가 동등하게 분산된 권위를 가지고 공동의 주체성을 통해 지식을 구성하는 경험으로 의미가 있다. 또한, 유아들은 놀이 상황에서 새로운 갈등을 직면할 때마다 의미 협상과 협업을 통해 민주적인 방식으로 갈등을 해결할 수 있었으며, 공동체 지식의 구축 가능성을 보여주었다.

6) 놀잇감에 대한 새로운 이해와 접근 : 이번엔 이렇게 놀아볼까?

거미줄 놀이 이후에도 유아들은 석 달 정도를 플라이플라워를 분해하지 않고, 만들어진 줄을 이용해서 하고 싶은 놀이를 끊임없이 시도하였다. 열매반에서 관심을 받지 못했던 놀잇감인 '플라이플라워'는 유아들이 놀이에 부여한 의미와 자신들이 만들어낸 놀이 방법을 통해 교실에서 가장 인기가 있는 놀잇감으로 바뀌게 되었다. 이 과정을 거치며 유아들은 익숙하게 사용해온 방법 외에도 정글 숲 놀이, 소꿉놀이, 긴 줄넘기 놀이, 림보 놀이 등 놀잇감에 대한 새로운 이해와 접근으로 진행하는 모습을 보였다. 협력적인 공동의 줄 놀이를 경험한 후 열매반 유아들은 '우리 반'에 대한 자긍심과 애정이 높아졌고, 다른 놀이를 할 때도 '우리가 힘을 합치면 할 수 있어.', '우리 반이 최고야.', '다 같이 하자.'와 같은 이야기를 나누는 모습을 자주 발견할 수 있었다.

정글 숲 놀이

소꿉놀이(울타리로 활용)

긴 줄넘기 놀이

림보 놀이

토의와 협의를 통해 새로운 규칙을 만들어 간 열매반의 '최강 블록대회' 놀이

만 5세 열매반

- 놀이를 제한하는 규칙을 자발적 토의와 협의를 통해 수정한 후, 다양한 블록을 사용하여 가장 튼튼하고 높게 쌓는 대회로 이어진 놀이

핵심 Point

- 자율적 도덕성을 획득할 수 있도록 교사의 권위를 축소 · 이양
- 토론과 협의과정을 통해 협동하는 사회도덕적 분위기 창출

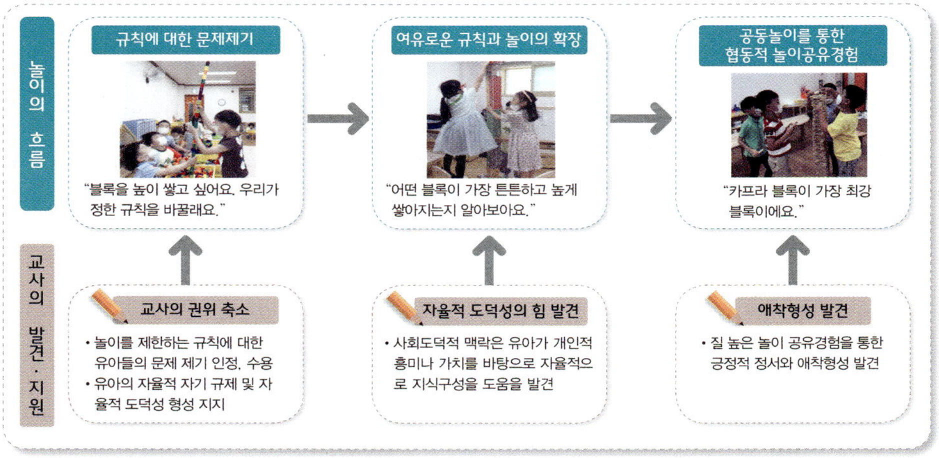

세 번째는 열매반(만 5세)의 사례이다. 열매반에서 지켜야 할 규칙 중 하나가 '블록을 자기 머리보다 높지 않게 쌓기'였다. 블록 쌓기 놀이를 하는 과정에서 높이 쌓은 블록 구조물이 무너지며, 다른 유아의 머리에 떨어져 상처가 난 경우가 있기 때문이다. 그 당시 전체 유아들과 토의를 거쳐서 문제를 예방하는 방안으로 유아들이 직접 제안했던 규칙이었다. 그리고 2개월 정도가 지난 상황에서 일어난 놀이이다.

1) 놀이를 제한하는 규칙에 대한 문제 제기 : 블록을 높이 쌓고 싶어요. 우리가 정한 규칙을 바꿀래요.

몇 명의 유아가 블록을 길게 연결하는 놀이를 하자 다른 유아들이 관심을 가지기 시작했다. 그러나 교실에서 유아들이 스스로 정했던 규칙이 '블록을 자기 머리보다 높지 않게 쌓기'였기 때문에 쉽게 놀이 안에 들어가지 못하고, 교사에게 "선생님, 블록이 머리를 넘었어요."라고 문제를 제기하는 상황이 빈번하게 발생하였다.

자유놀이 시간에 블록을 머리 위로 쌓은 유아

다현 : (블록을 쌓고 있는 유아들을 가리키며) 선생님, 친구들이 블록을 머리 높이 쌓아요.

도형 : (다급하게, 블록을 쌓는 유아들을 가리키며) 저기요. 저기 좀 보세요.

교사 : 정말 머리 높이를 넘어버렸구나. 어떻게 하면 좋을까요?

도형 : (부러운 목소리로) 나도 하고 싶어요.

다현 : (블록을 쌓는 아이들을 바라보며) 재미있을 것 같아요.

교사는 유아들로부터 제기된 문제를 유아 스스로 해결하도록 하고 싶었다. 교실 내 안전을 염려하던 교사는 "어떻게 하면 좋을까요?" 라는 질문을 하며 유아들이 "하면 안 돼요."라는 대답을 할 것이라는 예상을 했다. 그런데 유아들은 교사의 예상과는 달리 자신들도 블록을 높게 쌓고 싶다는 반응을 보였다.

교사 : 7월에 우리 반에서 높게 쌓은 블록이 무너져서 친구가 다친 적이 있었지요? 그때 우리가 정한 규칙이 무엇이었지요?

다현 : (손으로 머리를 가리키며) 머리 높이를 넘지 않기로 했었어요.

도형 : (다급한 목소리로) 그런데 그때는 지금보다 어렸잖아요.

시형 : (다급한 목소리로) 맞아요. 지금은 방학도 지났어요.

세아 : (손을 들고 조심스럽게) 이제는 조심할 수 있어요.

교사 : (유아들을 바라보며) 그럼 규칙에 대해 다시 한번 생각해 볼까요?열매반 친구들이 블록을 쌓는 높이에 대한 문제에 대해 함께 이야기를 나누면 어떨까요?

유아들 : (한 목소리로) 좋아요!

교사 : 그럼 어떻게 바꾸었으면 좋겠어요?

유준 : 의자 밟고 올라간 만큼 블록이 높았으면 좋겠어요.

지훈 : (좋은 생각이 났다는 듯이) 그럼 블록을 높이 쌓을 때, 선생님 옆에서 있을 때 하면 될 거 같아요.

태성 : 머리 높이보다 높아질 거 같으면 선생님한테 이야기해서 우리를 지켜봐 달라고 해요.

세아 : (밝은 목소리로) 그리고 우리가 스스로 안전하도록 항상 생각해야 해요!

지난 사고로 인해 블록을 높이 쌓았을 때 발생할 수 있는 사고의 위험성을 경험했던 유아들은 스스로 규칙을 정했었다. 그러나 유아들은 지난 학기보다 자신들이 성장했기 때문에 자신의 행동을 조절 가능함을 강조했으며, 놀이를 하며 새롭게 알게 된 다양한 문제해결 방법에 대해 인지하고 있었다. 유아들은 지난 학기에 만들었던 기존의 놀이규칙을 수정하고 비판적 사고, 문제해결능력, 협의 능력을 바탕으로 새롭게 문제를 해결하고자 하였다.

2) 여유로운 규칙과 놀이의 확장 :

어떤 블록이 가장 튼튼하고 높게 쌓아지는지 알아보아요.

유아들은 학급 규칙에 대한 의견 나눔을 통해 규칙을 수정한 후, 그동안 제한되었던 쌓을 수 있는 블록의 높이에서 벗어나 신나게 블록을 높이 쌓기 시작했다.

다현 : 아까 너 뭐로(무슨 블록으로) 쌓았어?

도형 : (조인트 블록을 가리키며) 나 조인트 블록.

다현 : (신난 목소리로) 그럼 나 조인트 블록으로 해야지.

시형 : (아니라는 표정과 어조로) 조인트 블록보다 종이 블록이 더 높을걸?

세아 : (시형의 말에 반대하는 어조로) 아니야, 카프라가 더 많으니까 더 높아.

유준 : (세아의 말을 동조하는 어조로) 맞아 카프라가 더 세.

"조인트 블록보다 종이 블록이 더 높을걸?" 이라는 한 유아의 의견에 다른 유아들이 자신이 생각했을 때 가장 튼튼하고 높게 쌓을 수 있는 블록의 이름을 이야기했다. 그리고 가장 튼튼하고 높이 쌓을 수 있는 블록을 찾아 '최강 블록'이라는 이름을 붙여주기로 하였다.

다현 : (교사를 바라보며) 선생님, 어떤 블록이 제일 높은 최강 블록이에요?

교사 : 어떤 블록이 제일 높을 거라고 생각했니?

다현 : (큰 목소리로) 조인트 블록이요.

도형 : (큰 목소리로) 카프라 블록이요.

시형 : (큰 목소리로) 종이 블록이요.

세아 : (큰 목소리로) 꽃 블록이요.

교사 : 그럼 우리가 최강 블록을 어떻게 알 수 있을까?

유아들 : 시합해요.

다현 : 조인트 블록 팀 할 사람 여기 모여!

도형 : 우리 카프라 하자!

시형 : 나는 꽃 블록으로 할 거야.

다현 : 우리가 최강이야.

교사 : 그럼 시간을 정해두고 그 시간 동안 가장 높은 블록을 최강 블록으로 하자.

유아 각자가 생각하는 최강 블록이 달라 같은 블록을 선택한 친구들과 힘을 합쳐 블록을 쌓아보기로 하였다.

각자 최강 블록이라고 생각하는 블록을 친구들과 함께 쌓는 모습

다현 : (다급한 목소리로) 아! 블록이 움직여서 못 쌓겠어. 어떡하지?

도형 : 잡고 있자!

시형 : (아래쪽 블록을 잡아주며) 내가 블록이 안 움직이게 잡아줘야지.

도형 : (가운데 쪽 블록을 잡아주며) 됐다. 이제 안 움직이지?

다현 : (새로운 블록을 위에 쌓으면서) 응. 고마워.

꽃 블록으로 쌓는 유아들

종이 벽돌블록으로 쌓는 유아들

다현 : (블록을 가로로 쌓으며) 우리가 이겨야 하는데...

도형 : 우리 그럼 세워서 하자.

시형 : (블록을 세로로 쌓으며) 이거 우리가 무조건 이길 것 같아. 엄청 높아.

다현 : (의자를 가리키며) 의자가 필요해.

유준 : (벌떡 일어나며) 내가 가져다줄게.

다현 : 조심해야 해.

도형 : 이거 무너지면 끝이야. 으악!

유아의 손에 블록이 무너졌다.

시형 : (소리를 지르며) 악! 얘들아 다시 쌓아야 해.

세아 : (타이머를 확인하고) 이제 삼분 남았어.

다현 : (발을 동동 구르며) 다시, 다시! 얼른 쌓자.

시형 : (카프라를 쌓으며) 빨리 쌓으려면 두 개씩 잡아야 해!

다현 : (다급한 목소리로) 얘들아 나 올리면, 바로 올려.

카프라 블록으로
높이 쌓는 유아들

조인트 블록으로 높이 쌓는 유아들

블록의 특성상 구부러지거나 쉽게 빠지는 블록이 있었고, 쌓는 도중 여러 번 끊어지기도 했다. 그러나 유아들은 포기하지 않고 또래들과 협력하여 블록을 쌓아 결과물을 완성하는 모습이 관찰되었다.

3) 협동적 공동놀이의 마무리 : 카프라 블록이 가장 최강 블록이에요.

유아들은 약속 시간이 되자 다른 종류의 블록과 높이를 비교하기 시작했다.

다현 : (블록의 높이를 비교하며) 잠깐만, 우리가 더 높나?
도형 : (블록을 손으로 대보면서, 큰 목소리로) 아니야, 우리가 더 높아!
시형 : (블록이 흔들거리자) 얘들아 무너질 거 같아. 어떤 게 제일 높아?
도형 : (다급한 목소리로) 잠시만, 선생님 사진이요. 사진!
교사가 사진을 찍어주자 블록을 지탱하고 있던 손을 놓았고, 블록들이 쓰러졌다. 그리고 사진을 통해 어떤 블록이 높았는지 이야기를 나누어보았다.
교사 : 어떤 블록이 가장 높아 보이니?
유아들 : (한 목소리로) 카프라요!
도형 : (아쉬워하는 목소리로) 아, 나도 카프라 할 걸.
다현 : (웃으면서) 우리 블록도 재밌었어.
유준 : (흥분하면서) 우리 아까 한 번 무너졌는데 엄청 빨리 세운 거예요.
세아 : 진짜? 진짜 잘했네?
시형 : 나도 카프라로 다시 도전해볼래.
유준 : (자랑스러운 목소리로) 카프라가 최강 블록이네. 다른 거 다 이겨.

블록대회 결과 가장 튼튼하고 높이 쌓을 수 있는 블록은 카프라로 정해졌다. 유아들은 자신이 선택한 블록이 최강 블록으로 선정되지 않았지만, 블록대회 결과를 인정했다. 시합에서 시작했지만, 함께 팀을 이루어 놀이하며 아이디어를 모아 협동하였고, 모험적인 놀이를 즐기는 모습을 발견할 수 있었다. 자발적으로 흥미 요소들을 찾아서 몰입하며 함께 팀을 이룬 유아들의 주도적인 놀이를 통해 상대방과 협력하는 경험을 가질 수 있었다.

새싹반의 놀잇감 정리 문제를 민주적으로 해결하기

만 3세 새싹반

- 놀잇감 정리로 인해 발생한 갈등을 민주적으로 해결하는 과정이 담긴 경험

핵심 Point

- 문제가 발생한 일상생활 맥락에서 유아에게 의미 있는 토론 기회 제공
- 갈등, 규칙준수 등에 대한 자율적으로 문제의 해결방안 합의와 실행을 통해 협동 경험
- 교사 자신이 공동체교실의 구성원임을 상기하기

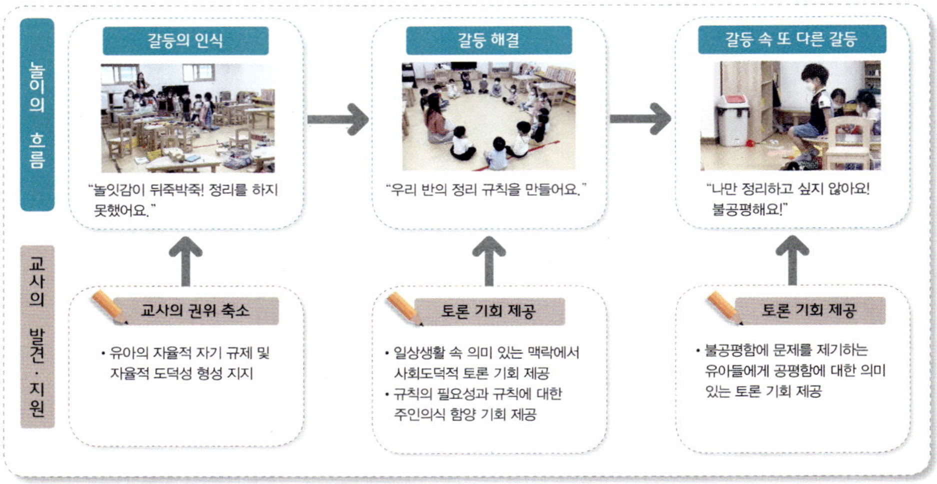

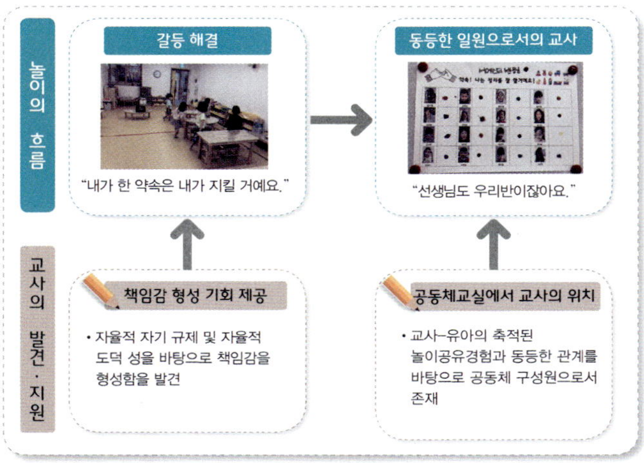

다음은 일상생활에서 마주하는 교실문제 상황을 해결하며 협동의 원리가 적용되는 과정을 살펴보고자 한다. 공동체교실에서는 놀이에서 직면하는 문제를 해결하기 위해 토의, 토론, 협의의 과정을 통해 다른 사람의 생각이나 감정을 이해하는 경험을 할 뿐 아니라 민주적으로 해결하는 과정을 통해서도 협동을 경험하기도 한다. 공동체교실의 유아들은 사회도덕적 토론을 하지만 토론으로 해결되지

않을 때는 규칙을 만들거나 투표하기도 한다(DeVries & Zan, 1997, 2012). 민주적인 의사결정과 상호존중은 민주시민이 지녀야 할 핵심 능력이다. 이러한 사회도덕적 능력은 교사의 지식 전달을 통해서가 아니라 공동체교실의 협동적인 분위기를 토대로 의미 있는 맥락에서 경험할 필요가 있다.

1) 갈등의 인식 : 정리를 하지 못했어요.

새싹반(만 3세)의 사례이다. 새싹반은 평소 자유놀이 시간에 교실 공간을 경계 없이 자유롭게 사용하며, 교사는 영역 간 놀잇감의 이동을 허용하였다. 그러나 자유놀이 후 정리할 때는 많은 놀잇감이 뒤죽박죽 섞여 있었기 때문에 유아가 정리하는 것을 힘들어했다. 이날은 정리하는 과정이 너무 오래 걸린 나머지 미리 계획한 '이야기 할머니 활동'을 교실에서 진행하지 못하고 다른 공간으로 이동하여 진행해야 했다. 이야기 할머니 활동은 지역사회 연계의 일환으로 매주 수요일마다 진행되었으며, 유아들은 재미있게 이야기를 전해주시는 할머니를 만나는 수요일을 기다리곤 하였다. 그러나 약속된 시간까지 정리가 되지 않은 교실의 상황은 유아들과 교실의 정리 문제에 대해 이야기를 나눠 볼 수 있는 계기가 되었다.

정리가 되지 않는 새싹반의 모습

다현 : (교사를 바라보며) 선생님, 왜 오늘 이야기 할머니 시간에 블록방으로 갔어요? 원래 우리 반에서 이야기 들어야 하잖아요.

교사 : (유아들을 바라보며) 우리가 왜 블록방에 갔을까?

세아 : (큰 목소리로) 우리가 다 놀고 나서도 너무 정리가 안 되어 있었어요.

지훈 : (한숨을 쉬며) 그래도 이야기 할머니 시간에 다른 데서 해서 너무 속상했어요.

시형 : 하지만 장난감이 다 섞여서 너무 많아서 어쩔 수가 없었잖아.

도형 : (다른 유아들을 바라보며) 친구들이 놀고 나서 정리를 안 해서 그래요.

세아 : (속상한 목소리로) 아니에요. 나는 정리했는데, 친구들이 정리를 안 했어요.

교사 : 우리 새싹반 친구들은 모두 정리를 했는데 교실에 장난감이 너무 많고 섞여 있어서 정리가 힘들었던 거구나. 그럼, 정리를 잘하기 위해서는 어떻게 하면 좋을까?

지훈 : (큰 목소리로) 이제부터 정리를 더 잘할 거예요. 할 수 있어요!

2) 갈등 해결하기 : 우리 반의 정리 규칙을 만들어요.

새싹반 유아들은 자유놀이 시간이 끝난 후, 놀잇감 정리를 잘하기 위해서는 어떤 방법들이 있는지 친구들과 이야기를 나누어보기로 하였다. 일상생활 맥락에서 의미 있는 토론을 진행하였고, 우리 반에서 실행할 수 있는 해결 방법들을 선택하여 실행해 보기로 하였다.

갈등 해결을 위한 이야기 나누기

교사 : 정해진 시간 안에 정리하기 위해서는 어떤 방법들이 있을까요?

다현 : (손을 들며) 정리할 때 노래를 들으면 빨리 정리할 수 있어요.

도형 : (다현을 바라보며) 노래를 들으면 정리하면서 신날 거 같아요.

교사 : 신나는 노래를 들으며 정리를 하면 좋을 것 같았구나? 또 다른 방법이 있을까요?

시형 : 다른 놀이하려면 놀이하던 것은 정리하고 가야 해요.

다현 : (시형을 보며) 맞아요. 섞이면 정리하기 힘들어요.

교사 : 그럼 다른 놀이를 할 때 정리를 먼저 하기로 약속할까요?

유아들 : (큰 목소리로) 네!

유아들은 의미 있는 맥락에서 사회도덕적 토론 과정을 통해 정리 방법에 대해 다양한 의견을 주고받고 스스로 교실의 규칙을 만들었다. 새싹반은 앞으로 다른 놀이로 전환할 때 정리를 한 후 새로운 놀이하기로 하고, 정리시간에는 노래를 들으면서 정리하기로 결정했다. 교실에서 문제가 발생했을 때 문제를 인식하고 자발적으로 규칙을 만드는 것은 유아가 규칙의 필요성을 알고 규칙에 대한 주인의식을 갖게 한다(DeVries & Zan, 1997, 곽향림, 2015 재인용).

3) 갈등 속의 또 다른 갈등 : 나만 정리하고 싶지 않아요! 불공평해요!

규칙을 만든 후에 정리가 잘 될 것으로 예상했지만 또 다른 갈등이 발생하였다. 정리 노래를 들으며 정리하던 유아들은 너무 신난 나머지 제대로 마무리를 못했다. 규칙대로 기존의 놀잇감을 정리하는 유아가 있는 반면, '조금 있다가 다시 가지고 놀 수도 있어.'라는 생각, '다른 유아들이 가지고 놀지도 몰라.'라는 생각에 놀이한 자리를 정리하지 않고 다른 영역으로 이동하는 유아도 있었다. 이로 인해 정리를 열심히 하는 유아들은 혼자만 정리하는 것이 불공평하다며 불만을 표출했다.

정리하지 않는 유아

여전히 정리되지 않는 모습

다현 : (춤추는 유아들을 가리키며) 선생님, 친구들이 정리를 안 해요.

도형 : (춤추는 것을 멈추고 다급하게) 이제 할 거예요.

시형 : (정리하지 않고 가만히 앉아있는 세아를 가리키며) 쟤도 정리 안 해요.

세아 : (말없이 그냥 앉아있다.)

유준 : (속상해하며) 선생님! 친구가 정리 못하게 해요.

지훈 : 조금 이따가 가지고 놀 거야.

유준 : (지훈이 가지고 놀던 장난감을 가리키며) 지금 다른 거 가지고 놀고 있었잖아.

새싹반 유아들은 정리 규칙대로 정리하지 않는 유아들을 보고 화를 내거나 짜증내는 목소리로 이야기하는 모습이 나타났다. 교사는 불공평함에 문제를 제기하는 유아들이 공평함에 대해 의미 있는 토론을 할 필요가 있다고 생각했다.

교사 : 우리가 어제 정리 규칙을 만들었는데, 정리를 더 잘할 수 있도록 도움이 되었나요?

다현 : (큰 목소리로) 아니요. 선생님, 우리 다른 약속으로 바꿔야 해요.

교사 : (다현을 바라보며) 어떤 약속으로 바꾸고 싶나요?

도형 : (교사를 바라보며) 약속할 때 도장도 찍고, 사인도 하고 복사도 해야 해요!

다현 : (다급한 목소리로) 맞아요. 우리 사인을 안 했잖아요.

유준 : 그래서 친구들이 정리를 못한 거였어요. 도장도 없었어요. 도장 찍어야 해요!

교사 : 그럼 정리를 잘하기 위해서는 도장이 필요한가요?

유아들 : (한 목소리로) 도장 찍는 거 만들어주세요.

지훈 : (신난 목소리로) 그래야 친구들이 정리를 잘할 수 있어요.

유아들은 평소에 약속할 때 손동작으로 도장을 찍고, 사인을 하며, 복사하는 과정을 떠올렸다. 그래서 규칙을 한 번 더 다짐할 수 있도록 스스로 도장을 찍자고 제안하였다. 교사는 유아가 도장을 찍을 수 있는 약속판을 만들어주고, 교사가 만든 약속판을 보며 다시 이야기를 나누었다.

약속판에 도장을 찍는 유아

다현 : (약속판을 보고) 우와, 우리 이름이 써있다.

도형 : (걱정스러운 목소리로) 그런데 우리 도장이 없잖아.

다현 : (교사를 바라보며) 사인이 있잖아. 선생님, 사인 어떻게 해요?

교사 : (다현을 바라보며) 사인은 자기 이름을 적는 거야.

시형 : (걱정스러운 목소리로) 나 이름 못 쓰는데...

다현 : (시형을 바라보며) 내가 써줄게. 선생님, 내가 대신 써줘도 돼요?

교사 : (다현을 바라보며) 음, 사인은 누가 대신해 주는 것이 아니라 자기가 직접 해야 하는 건데... 어떻게 하면 좋을까?

세아 : 선생님 그럼 손가락에 빨간 거 발라서 찍어도 돼요?

유준 : (신난 목소리로) 나 그거 해봤어요! 손가락에 바르고 찍으면 돼요.

지훈 : 그럼, 물감으로 하면 되겠다!

유아들은 미술 영역에 있는 도트 물감을 손가락에 묻혀서 자신의 이름 옆에 찍기 시작했다. 며칠이 지난 후에는 약속판에 물감을 손가락을 묻히지 않고, 바로 물감으로 찍는 등 자신이 원하는 방법으로 표시하는 모습을 보였다. 유아들은 물감을 사용해서 약속판에 표시하는 행동에 흥미를 보였고, 유치원에 등원해서 가장 먼저 약속판에 규칙에 대한 다짐을 표시하는 것으로 하루를 시작하였다.

4) 갈등의 해결 : 내가 한 약속은 내가 지킬 거예요.

유아들은 놀이를 시작하기 전에 '정리를 잘할 거예요.' 라는 약속판에 직접 표시하고 확인하였다. 그리고 이러한 과정을 통해 자신이 가지고 놀이한 장난감을 정리하겠다는 책임감과 스스로 한 약속의 중요성에 대한 인식도 높아졌다.

교사 : (시계를 보며) 새싹반, 이제 정리할 시간이 되었어요.

다현 : (인형을 주우며 신나는 목소리로) 나는 오늘 인형이랑 블록이랑 가지고 놀았다.

도형 : (다른 인형을 주우며) 나도 오늘 인형 가지고 놀았는데 우리 같이 놀았네?

다현 : (신난 목소리로) 그러니까, 히히. 우리가 약속했지~

시형 : (교사의 손을 흔들며) 선생님, 나 오늘 놀이한 거 정리 다 했는데 친구들 도와줄래요.

새싹반은 약속판을 사용하게 된 이후, 정리할 때 다른 친구에게 정리를 미루거나 책임을 회피하는 모습을 보이지 않았다. 자신이 어떤 놀이를 하였는지 기억하고, 사용한 놀잇감을 정리하고자 하였으며, 자신의 사용한 놀잇감 정리가 끝나면 다른 친구의 정리를 도와주려는 모습을 보였다.

약속판 사용 후 깨끗하게 정리된 교실 모습

5) 공동체교실에서 동등한 일원으로서의 교사 : 선생님도 우리 반이잖아요.

유아들이 공평함에 문제를 제기하고, 문제를 해결하기 위해 다양한 의견을 교류하였으며 규칙을 정한 후 규칙이 담긴 약속판을 사용함으로써 놀잇감 정리 문제로 인한 갈등이 해결되었다. 그러던 어느 날, 한 유아가 약속판에 도장을 찍다가 약속판에 대한 의문점을 제기하였다.

다현 : (약속판에 도장을 찍다가) 선생님은 왜 없어요?

교사 : (다현을 바라보며) 선생님이 없다는 말이 무슨 이야기일까?

다현 : (약속판을 가리키며) 여기요!

교사 : 선생님이 약속판에 없다는 이야기를 하고 싶었구나. 선생님도 있었으면 좋겠어요?

도형 : (다현의 이야기를 듣다가 웃으면서) 선생님도 아까 우리랑 놀았잖아요.

시형 : (웃으면서) 선생님은 선생님이잖아~

도형 : (시형을 보며 함께 웃으면서) 그래도 선생님도 놀았으니까 정리해야죠!

시형 : (교사에게 도트 물감을 건네주며) 어서 선생님도 도장 찍어주세요.

유준 : (약속판의 위쪽을 가리키며) 선생님이니까 제일 높은 데다 써주세요.

교사 : (매직을 들고) 여기에다가 선생님 이름도 쓸까요?

유아들 : (웃으면서) 네. 히히.

교사의 이름과 도장이 들어간 약속판

그동안 교사는 새싹반이 몇 명인지를 묻는 질문을 받을 때마다 전체 유아 수만 이야기했기 때문에 교사도 새싹반의 구성원이라는 생각을 하지 못했다. 그런데 유아들이 제기한 의문으로 교사는 '공동체교실에서 교사의 위치'에 대해 새롭게 생각하게 된 계기가 되었다. 이를 계기로, 유아들은 교사 역시 자신들과 동등한 공동체교실의 일원으로 생각하고 있다는 사실을 알 수 있었다.

새싹반은 몇 개월의 시간 동안 '정리'에 대한 갈등을 수 차례 겪었다. 교사는 유아들이 자율적으로 정리를 할 수 있도록 끊임없이 해결방안을 고민해 보았다. 하지만 실행과정에서 유사한 갈등이 반복되어 완전한 해결이라고 할 수 없었다. 그러나 이번에 일어난 교실 문제에서는 유아 스스로 갈등이 반복되는 이유를 살펴보고, 약속판을 만드는 것을 통해 자신들이 정한 규칙을 잘 지켜보겠다고 약속을 되새기는 모습을 볼 수 있었다.

공동체교실 안에서 갈등은 끊임없이 발생할 것이다. 그러나 유아들이 교실문제를 인식하고 문제를 해결하기 위해 의미 있는 토론을 통해 다양한 방법을 모색하여 규칙을 정한 후 이를 지키려고 노력하는 모습을 보니 다른 갈등 상황이 생기더라도 새싹반 유아들은 협동적 과정을 통해 문제를 해결할 수 있으리라 본다.

꽃잎반의 놀이 상황 속 갈등을 민주적으로 해결하기

만 3세, 만 5세 꽃잎반

- 놀이상황에서 발생한 또래 갈등을 민주적으로 해결해가는 과정이 담긴 경험

핵심 Point

- 갈등이 발생한 놀이 상황에서 유아에게 의미 있는 토론의 기회를 제공
- 민주적 해결과정을 통해 협동을 경험하도록 격려

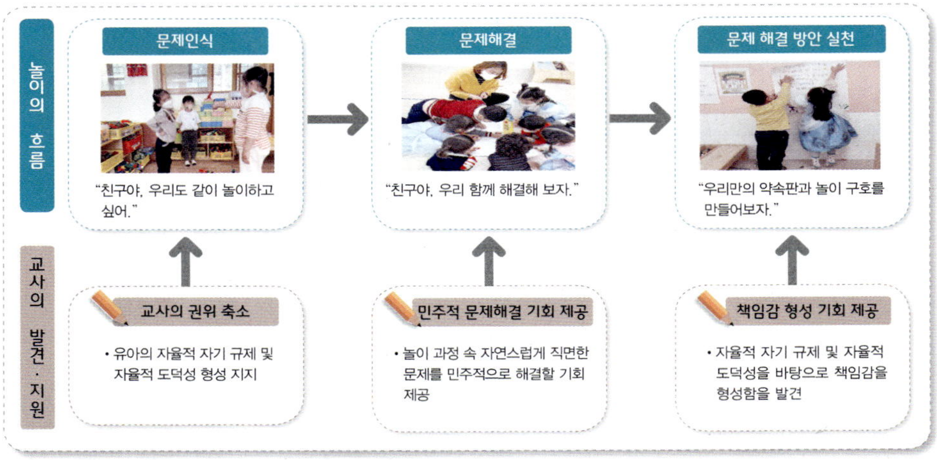

1) 문제 인식 : 친구야, 우리 놀이하고 싶어.

꽃잎반(만 3세/만 5세)의 민주적 문제해결 사례이다. 꽃잎반은 만 3세 4명, 만 5세 3명 혼합연령 학급으로 7명의 유아가 함께 생활하고 있다. 소인수 학급이다 보니 몇몇 유아의 다툼은 전체 유아들에게 영향을 주어 놀이를 중단하거나 지속하지 못하는 상황이 빈번하게 발생했다. 그중에서도 자기주장이 강한 만 5세 두 유아의 다툼 때문에 놀이를 중단하는 상황이 반복되었고, 빨리 놀이를 이어가고 싶은 유아들은 스스로 문제를 해결하기보다는 교사에게 중재해 달라고 도움을 요청하는 일이 많아졌다.

서로를 탓하며 싸우는 유아들

보영 : (교사에게 다가와 울먹거리며) 선생님, 민호하고 인혜 또 싸워요.

교사 : (민호와 인혜가 있는 곳으로 다가가서) 무슨 일이 있었나요?

민호 : (화난 목소리로) 보영이도 엄마 하고 싶을 텐데 인혜가 맨날 자기가 엄마 한다고 하잖아요.

인혜 : (울먹이면서) 보영이가 분명 나보고 엄마 하라고 했는데 민호가 자꾸 화내면서 말해요.

민호 : (소리치며) 우리한테 하고 싶은 거 물어보지도 않고 맨날 자기 마음대로 해요. 그렇지, 보영아?

보영 : (인혜의 눈치를 보며) 응.

인혜 : (따지듯이) 너희도 하고 싶은 것 말하면 되잖아.

민호 : (화를 내며) 물어보지도 않고 혼자 하고 싶은 것만 하면서!

2) 문제 해결하기 : 친구야, 우리 함께 해결해 보자.

교사는 흥분한 유아들을 진정시키고자 했다. 유아는 자신들이 몰입하던 놀이를 이어가고 싶어 하며 두 유아의 다툼을 교사가 해결해 주면 좋겠다고 이야기하였다. 교사는 자신이 개입하여 중재하기보다 유아가 갈등을 직면하고 서로의 마음을 이해하고 유아 공동체 안에서 자율적으로 해결해 나가기를 바랐다. 꽃잎반 유아들과 문제를 해결하기 위해 어떤 방법들이 있는지 이야기 나눈 후 함께 실행해 보기로 하였다.

보영 : (속상한 목소리로) 선생님, 저는 친구들하고 다 같이 놀이하고 싶어요. 민호, 인혜가 싸우면 놀이할 친구가 없어요.

교사 : 우리 보영이가 속상했겠구나. 우리 반에는 일곱 살 친구들이 세 명 있는데 두 친구가 다투면 혼자 남은 친구는 놀이할 친구가 없어서 속상할 것 같아. 동생들도 언니, 오빠들하고 놀고 싶은데 놀지 못해서 슬플 것 같구나.

유진 : (속상한 목소리로) 오빠하고 언니랑 싸우면 우리 기분이 안 좋아. 같이 놀고 싶은데.

찬성 : 맞아. 우리 같이 놀이하자.

교사 : 민호랑 인혜는 어때요?

민호 : 저도 다 같이 놀이하고 싶어요.

인혜 : 저도요.

교사 : 놀이하면서 서로의 생각이 달라서 다툴 때도 있지만 함께 놀이하고 싶은 거죠?

보영 : 맞아요. 혼자 놀면 재미없어요.

교사 : 그럼 어떻게 하면 다툼이 있을 때 해결하고 같이 놀이할 수 있을까?

민호 : 친구 이야기를 들어줘야 해요. 맨날 자기가 하고 싶은 대로 하면 안 돼요.

보영 : 놀잇감도 서로 빌려주고 양보해줘야 해요.

인혜 : 맞아요. (멋쩍어하며) 근데 친구를 속상하게 하면 "미안해."라고 말하고 고마운 일이 생기면 "고맙다."고 말해야 해요.

교사 : 그래. 고맙거나 미안한 마음이 있을 때 꼭 말로 표현해 주는 것도 좋을 것 같아. 혹시, 우리 동생들은 어떤 방법이 있을지 생각해 봤나요?

유진 : 친구들 때리면 안 돼요.

찬성 : 맞아, 친구 때리면 안 돼. 나도 저번에 유진이가 때려서 아팠어.

영현 : 그렇지, 장난감도 던지면 안 돼. 아프단 말이야.

서준 : 맞아. 진짜 아파.

교사 : 맞아. 우리 친구들이 자기가 원하는 대로 안 된다고 장난감을 던지거나 친구를 때리면 안 돼요. 친구들이 우리가 이야기한 것들을 기억하며 놀이하면 좋을 것 같아요

유아들 : 네. 우리 놀이하자.

유아들은 친구 간에 다투는 문제를 해결할 방법을 생각해 보았다. 꽃잎반은 놀이 중 친구와의 갈등이 발생할 때 함께 찾아본 방법들을 떠올리며 놀이하기로 하였다.

3) 문제해결 실천하기 : 우리들만의 약속판과 놀이 구호를 만들어보자.

문제해결 방법을 정했지만, 다툼으로 인해 놀이가 중단되는 상황은 빈번하게 나타났다. 유아들은 교사가 사전에 약속한 해결 방법들을 상기시킬 때만 이를 떠올리고 지키려고 하였다. 그리고 몇몇 유아들은 자신들이 협의한 약속들이 지켜지지 않은 것이 속상하다고 이야기하였다. 유아들은 미리 정한 약속들이 계속 지켜지지 않는 것을 경험하고 다시 함께 이야기를 나누고자 하였다.

인혜 : (속상한 목소리로) 선생님, 친구들이 우리가 정한 약속 안 지켜요. 그렇지, 보영아?

보영 : 맞아요. 장난감도 서로 빌려주지도 않고 혼자서 가지고 놀고...

교사 : 우리가 이야기했던 약속을 왜 지키지 못한 걸까요?

민호 : 머릿속에만 있어서 잊어버렸나 봐요. 자꾸만 잊어버려요.

교사 : 그럼 기억할 할 수 있는 방법에는 어떤 것이 있을까요?

보영 : (한참 고민하더니 웃으면서) 아 맞다! 종이에 쓰면 되잖아요.

유진 : (박수를 치며) 종이 쓰면 안 잊어버리겠다.

인혜 : 선생님, 우리 종이에 우리가 했던 약속들 써요. 얘들아, 어때?

유아들 : (큰소리로) 좋아요.

민호 : 근데, 우리가 쓴 종이를 어디에 붙이지? 그래야 우리가 기억하지!

영현 : 벽에다 붙이자.

서준 : 좋아.

찬성 : 형이 붙여주라.

민호 : 그래 내가 붙일게.

인혜 : 같이 붙이자.

유아들은 우리가 정한 약속을 지킬 수 있는 방법을 종이에 쓰고 벽에 붙이자는 생각을 해냈다. 종이와 매직을 제공해주자 유아들은 각자 자신이 좋아하는 색깔의 매직을 골라 종이에 정성스럽게 옮겨 쓰기 시작했다. 그렇게 완성된 약속을 쓴 종이를 벽에 붙이며 뿌듯해했다.

함께 약속을 쓰는 유아들

약속판을 벽에 붙이는 유아들

교사 : 우리가 함께 약속을 쓰고 벽에 붙여 보니까 어땠나요?

민호 : (뿌듯해하며) 이제 약속 안 잊어버리고 잘 지킬 수 있을 것 같아요.

인혜 : (웃으며) 맞아.

교사 : 우리 동생들은 어때요?

영현 : (만 5세들을 보며) 오빠랑 언니가 글씨도 잘 쓰고 멋져요.

유진 : (뿌듯해하며) 내가 그림도 그렸어요.

찬성 : 나도 글씨 대신 그림 그렸어.

교사 : 친구들과 즐겁게 놀이하기 위해서 지킬 약속이 벽에 붙어있어서 안 잊어버리고 놀이할 때도 생각이 날 것 같아요.

유아들 : (웃으며) 맞아요.

보영 : 근데, 우리 놀이할 때 파이팅하고 시작하는 것 어때?

교사 : 보영이는 왜 파이팅을 하고 싶어요?

보영 : 그러면 놀이할 때 힘도 나고 사이좋게 놀이할 수 있을 것 같아요.

교사 : 친구들은 어때요?

유아들 : 좋아요.

교사 : 놀이하기 전에 파이팅 외치고 시작할까요? 더 말하고 싶은 것 있나요?

인혜 : 즐겁게 사이좋게 파이팅은 어때?

영현 : 좋아, (주먹을 쥐고 손을 올리며) 파이팅!

준서 : (영현이를 따라 하며 웃으며) 파이팅!

민호 : (주먹을 쥐고 손을 올리며) 즐겁게 사이좋게 파이팅 하자. 어때?

보영 : 그래, 좋아!

유아들은 스스로 약속판을 쓰고 벽에 붙이는 것에 대해 뿌듯해하며 놀이 시작 전 함께 말할 수 있는 놀이 구호도 만들어보자고 제안했다. 함께 놀이 구호를 정하면서 유아들은 즐거워하였다.

놀이 시작 전 놀이 구호를 외치기 위해 모여 있는 유아들

그 후 유아들은 함께 정한 약속을 잊지 않고 실천하기 위해 놀이하기 전 약속판을 읽고 놀이 구호를 외치며 시작했다. 놀이 중 다툼이 일어나면 교사에게 먼저 말하기보다 자신들이 써놓은 약속 판을 보며 기억을 상기하고 문제를 해결하려고 노력했다. 유아들은 일상적이면서도 부정적인 감정을 내재한 유아들 간 다툼의 문제를 해결하는 방법에 대해 고민하며, 실제로 약속을 실천하기 위해 노력했다. 문제를 인식하고 여러 번에 걸쳐 자신들만의 문제해결 방법을 고안해 본 과정은 앞으로 일어날 갈등 상황에서도 함께 문제를 해결할 수 있다는 믿음을 가지는 기초 경험이 되었다.

꽃잎반의 공평한 교실 만들기

만 3세, 만 5세 꽃잎반

- 교사가 정한 게임 방식의 불공평함을 인식하고 해결하는 방법을 모색하는 경험

핵심 Point

- 교사가 임의로 정한 게임 방식에 대한 유아들의 자발적 문제 제기를 인정하기
- 유아들과 공평함에 대해 생각하는 기회가 되도록 지원
- 상호호혜적 관점에서 공동체를 이해할 수 있는 계기 제공

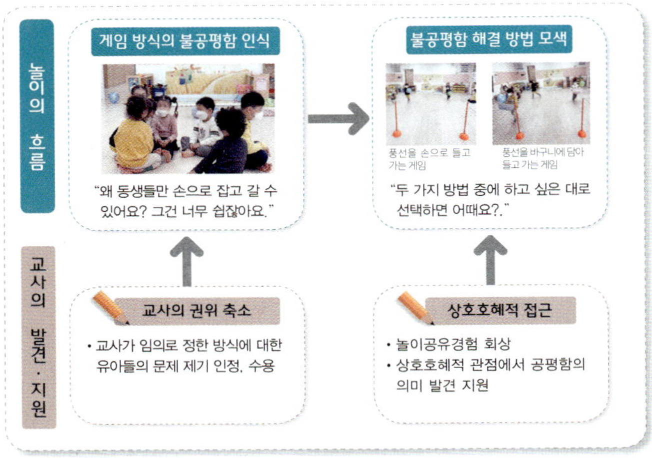

1) 불공평함 인식 : 선생님, 너무 불공평해요.

꽃잎반(만 3세, 만 5세)의 불공평함을 인식하고 함께 해결하는 사례이다. 꽃잎반은 그림책 내용을 기초로 게임을 직접 만들어서 해보는 것을 좋아한다. 공룡과 관련된 그림책을 읽고 공룡알 나르기 게임을 만들어하던 중에, 만 5세 유아보다 신체 조절 능력과 협응 능력이 미숙한 만 3세 유아는 이동 중 바구니 속 풍선이 자꾸 바구니 밖으로 떨어져 속상해하였다. 교사는 만 3세 유아들에게는 손으로 풍선을 들고 갈 수 있도록 허용했다. 바구니 안에 풍선을 넣어서 나르던 만 5세 유아가 공평하지 않다고 속상해하며 불만을 표현했다. 교사는 자신이 임의로 정한 방식이 불공평할 수 있다는 것을 인정하고 유아들과 공평함에 대해 이야기를 나누어 보기로 하였다.

공룡알(풍선) 나르는 게임

풍선이 바구니 밖으로 떨어져 속상해하는 유아

불공평하다며 토라진 유아

민호 : (화난 목소리로) 선생님, 진짜 불공평해요. 왜 동생들은 손으로 들고 가는 거예요?

교사 : 선생님이 동생들에게 손으로 들고 가게 하는 것이 불공평하다는 생각이 들었어요?

민호 : (돌아앉아서) 네!

인혜 : 우리는 잘하잖아. 동생들은 자꾸 떨어져서 속상하대. 그러니까 동생들은 손으로 풍선을 들고 가게 해주자. 우리가 양보해야지. 그렇지, 보영아?

보영 : 맞아. 찬성이 속상하대. 그냥 동생들은 손으로 들고 가게 해주자.

민호 : 그래도! 똑같은 방법으로 해야지 공평하지. 나도 어렵지만 하는 거야.

교사 : 민호는 똑같은 방법으로 해야 공평하다고 생각하는 거예요?

민호 : 네. 나도 어렵지만 조심 조심 들고 가는 거예요.

교사 : 다른 친구들은 어떻게 하는 것이 공평하다고 생각하나요?

인혜 : 동생들은 손으로 들고 가고, 우리는 바구니에 넣고 들고 가는 게 공평해요. 동생들은 바구니 들고 가는 게 힘들어요.

보영 : 맞아요. 우리는 다섯 살 때부터 게임도 많이 해 봤고 동생들은 우리보다 손에 힘이 없어서 힘들어요. 예전에 훈이 오빠랑 수지 언니도 우리가 게임 할 때 많이 봐줬어요.

인혜 : 맞아. 그러니깐 우리도 동생들 봐줘야 해요.

교사 : 동생들 생각은 어때요?

찬성 : 나는 손으로 들고 가고 싶어요. 형이랑 누나는 잘하잖아요.

서준 : 나도요. 바구니 들고 가는 거는 힘들어요.

영현 : 나는 손으로도 들고 가고 싶고, 바구니 들고 가는 것도 하고 싶은데.

유진 : 나도요.

교사 : 그럼 어떻게 하면 좋을까요?

민호 : 그럼 손으로 들고 가는 게임도 하고, 바구니에 넣어서 가는 게임도 한번 해요. 얘들아, 어때?

인혜 : 두 번 게임하고 자기가 하고 싶은 방법대로 하게 해요. 어때?

교사 : 친구들 생각은 어떤가요?

유아들 : 좋아요.

2) 불공평함을 해결하는 방법 찾아보기 : 게임을 2가지 방법으로 해요.

만 5세 유아인 민호는 나이에 상관없이 모두 똑같은 방법으로 게임을 하는 것이 공평하다고 생각했다. 만 5세 여자 친구들은 만 3세 동생이 손에 힘이 없어 바구니를 들고 가는 것이 힘들다고 생각한다며, 동생들이 즐겁게 게임을 할 수 있도록 배려하는 것이 공평하다고 하였다. 반면, 만 3세 유아 중 힘들어도 바구니를 들고 게임을 해보고 싶다는 유아들도 있었다. 이러한 불공평을 해결하는 협의하는 과정에서 풍선을 손으로 들고 가는 방법과 바구니에 담아 들고 가는 방법 두 가지를 모두 해보고 각자 하고 싶은 방법을 선택하기로 하였다.

풍선을 손으로 들고 가는 게임

풍선을 바구니에 담아 들고 가는 게임

교사 : 우리가 두 가지 방법으로 게임을 해봤는데 어땠어요?

민호 : 손으로 들고 가는 게임은 빨리 갈 수 있어서 좋았고, 바구니에 담아 가는 게임은 풍선이 밖으로 떨어질까 봐 천천히 가야 해서 힘들었어요. 바구니 들고 가는 게임은 동생들이 조금 힘들 것 같아요.

교사 : 왜 그렇게 생각했나요?

민호 : 아까 게임 할 때 우리들 바구니에 있는 풍선은 바닥으로 안 떨어졌는데 동생들은 바구니에서 풍선이 자꾸 떨어져 속상해했어요.

교사 : 그랬구나. 다른 친구들은 어땠나요?

유진 : (웃으며) 저는 둘 다 하고 싶어요. 자꾸 풍선이 떨어져서 웃겼어요.

영현 : (손뼉을 치며) 맞아, 계속 떨어졌어.

서준 : 나는 손으로 들고 가는 게 좋아. 풍선이 자꾸 떨어지니깐 화났어.

찬성 : 나도 화가 나고 속상했어.

보영 : 저는 둘 다 재미있어요. 다음번에도 둘 다 해보고 싶어요.

인혜 : 나도요. 자기가 하고 싶은 방법대로 하는 게 좋을 것 같아요.

교사 : 다른 친구들 생각은 어떤가요?

민호 : 찬성이랑 서준이(만 3세 동생)가 힘들면 손으로 들고 가게 해줘요.

교사 : 진짜? 그렇게 해도 불공평하다는 생각이 들지 않겠니?

민호 : 네. 동생들은 바구니 들고 걷는 게 힘든 것 같아요. 동생들이 안 힘들고 즐겁게 게임을 했으면 좋겠어요.

교사 : 친구들 생각은 어떤가요? 다음번 게임 때는 힘들어하는 동생들은 손으로 들고 가도 될까요?

꽃잎반 유아 중 일부는 공평하다는 것은 나이나 신체적 발달 특성에 상관없이 무조건 똑같은 방법으로 게임을 하는 것이라고 생각했다. 하지만 유아들은 불공평함을 인식하고 해결하는 과정에서 무조건 똑같이 하는 것이 공평하지 않을 수 있음을 이해하게 되었다. 공평함에 대한 갈등을 해결하며 만 5세 유아는 자신들의 오랜 놀이 공유 경험을 떠올렸다. 만 3세 때 게임 중 어려움이 발생하면 자신들을 이해해주고 배려해 주었던 형님들처럼 힘들어하는 동생들을 배려해 주는 것이 공평하다고 이야기하였다.

교사는 '양보와 배려'라는 사회도덕적 가치는 공동체교실에서 직접 경험하고 이해하는 것이라고 생각했다. 교사의 적절한 지원으로 유아들은 토론을 통해 두 가지 방법 모두를 경험해 보자는 협의에 이르렀고, 두 가지 방법으로 게임을 직접 해본 후 동생들의 느끼는 어려움을 공감하게 되었다. 이를 기회로, 유아들은 공평함에 대해 생각해 보고 다양한 의견을 교류할 수 있었으며, 타인의 상황을 고려해서 배려해 주는 것 또한 공평함이라는 것을 이해할 수 있었다. 유아들과 불공평함을 인식하고 해결하기 위해 토론한 시간은 기존의 유아들이 갖고 있던 쌍방향적 관점에서 한발 나아가 상호호혜적 관점에서 공동체를 이해할 수 있는 계기가 되었다. 이렇게 형성된 또래 간의 상호호혜적 관계는 훗날 교실에서 또 다른 불공평함의 문제를 만났을 때 이를 외면하기보다는 공평한 해결책을 찾는 힘이 되어줄 것이라 믿는다.

2. 살며 놀며 함께 배워감, '협동'의 실천을 위해

구성주의 교실의 기본 원리인 '협동'의 원리가 공동의 목적을 달성하기 위해 협력하는 것뿐 아니라 일상생활에서 직면하는 문제를 해결하는 과정에서도 작용함을 알 수 있었다. 공동체교실에서 생활하는 유아는 수시로 발생하는 또래 간 갈등이나 교실문제를 협동을 통해 해결할 수 있는 힘이 있었다. 자유놀이 시간에 공동의 목적을 달성하기 위해 협동하면서 경험했던 긍정적인 정서를 포함한 놀이 공유경험은 또래 간의 끈끈한 유대감을 형성하기에 충분했다. 이렇게 형성된 유대감은 다른 갈등을 해결하는 데 있어 유연한 교실분위기를 제공했다.

유아의 힘을 믿는 교사는 유아와의 동등한 힘의 관계를 유지하면서 유아들이 의미 있는 토론, 토의, 협의의 과정을 통해 민주적으로 해결할 수 있는 기회를 제공하려고 끊임없이 노력하였다. 이때, 교사의 권위 축소나 이양은 유아로 하여금 교사를 공동체의 일원으로 인식하게 하였다. 교사는 유아들과 다른 격의 위치가 아니라 상호 존중하며 배려하는 동등한 관계에서 유아와 함께 놀이 속에서 즐기고, 공동체의 일원으로 아이디어를 제안하고 교환하면서 학습자가 되었다(곽향림, 2008). 이렇듯, 교사와 유아가 형성하는 힘의 균형은 유아가 교사의 제안이나 가치를 무조건 수용하기보다 자율적 판단으로 선택 · 결정하는 토대가 되었다. 즉, 공동체 구성원으로서의 교사와 유아는 풍부한 놀이 공유경험과 민주적 의사결정을 통한 갈등 해결 과정에서 공동체 의식과 사회도덕적 가치를 쌓아나갔다. 그 과정에서 구성주의 교육의 '협동'의 원리는 구체적인 경험과 배움을 연결해 주는 중요한 징검다리가 되어주었다.

참고문헌

곽향림(2008). 교실공동체를 지원하는 구성주의 교사의 위치. 유아교육연구, 28(4), 289-312.

곽향림(2009). 구성주의 교실공동체에서 또래 간 갈등해결을 위한 유아들의 사회도덕적 능력. 유아교육학논집, 13(6). 277-302.

곽향림(2015). 구성주의 유아교육 교수학습법. 파주: 공동체.

교육부(2019). 2019 개정 누리과정 교사 연수자료. 세종 : 교육부.

교육부 · 보건복지부(2019). 2019 개정 누리과정 해설서. 서울 : 교육부, 보건복지부.

권귀염(2015). '흥미'에 대한 이해와 실천 : 유아교사들의 오해와 혼란, 그리고 갈등. 유아교육연구, 35(2), 237-262.

권은정(2013). 구성주의 이론에 기초한 물리적 지식활동이 유아의 문제해결력과 공간능력에 미치는 영향 : 던지기 활동을 중심으로. 한국유아교육연구, 15(2), 303-330.

김무길(2008). 듀이의 흥미 개념 재이해와 그 교육적 함의. 교육철학, 42, 7-28.

김안나(2011). 수업에 대한 유아교사의 이야기-좋은 수업을 찾아서. 유아교육연구, 31(4), 229-258.

김희진(2017). 놀이의 관점에서 본 자유선택활동에 대한 비판적 분석. 육아지원연구, 12(3), 5-23.

류미향(2019). 어린이들의 놀이정신과 누리과정 이해. 한국보육학회 학술대회자료집, 61-82.

서근원(2013). 공동체는 어디에 있을까: 우리 시대의 삶과 문화와 교육, 그리고 질적연구. 서울: 교육과학사.

서윤희(2016). 구성주의 교실의 비눗방울 놀이에서 나타난 유아들의 과학적 사고과정 탐색. 유아교육연구, 36(3), 559-589.

양은주(2003). 듀이의 흥미 개념과 학생중심 교육과정. 교육과정연구, 21(1), 179-202.

유승연(2020). 2019 개정 누리과정에 기초한 유아의 놀이 실행과정 및 교사의 놀이 지원에 관한 연구. 유아교육학논집, 24(6), 75-100.

유혜령(2019). 놀이기반 배움의 방향에 관한 탐색: 표상을 넘어 사건으로. 어린이교육비평, 9(2), 59-84.

윤경옥 · 이대균(2020). 보육교사의 2019 개정 누리과정 실행에 대한 딜레마 탐색. 열린유아교육연구, 25(6), 149–172.

윤성혜 · 한미라(2018). 구성주의 이론을 적용한 과학활동이 유아의 과학적 탐구능력과 과학적 태도에 미치는 효과. 학습자중심교과교육연구, 18(23), 363–386.

이경민(2009). 유아과학교육에 대한 유치원 교사의 인식. 유아교육학논집, 13(3), 237–263.

이원영(2007). John Dewey의 교육철학에 나타난 유아교육의 주요개념 탐구. 유아교육학논집, 11(4), 5–27.

이지연 · 조부경(2021). 진자놀이에 참여한 유아의 과학적 탐구 경험과 의미. 구성주의유아교육연구, 8(2), 111–136.

정선아(2004). 교사들이 구성하는 아동중심교육의 의미. 유아교육연구, 24(4), 305–329.

정정희 · 이현진 · 신금호 · 이효림 · 정효진(2021). 유아, 삶에서 과학을 만나다. 경기 : 양서원.

정주인 · 권귀염(2020). 놀이중심교육과정 시대 : 변화를 위한 유아교사들의 시도. 유아교육연구, 40(3), 93–118.

조부경 · 현윤희(2014). 구성주의 관점을 가진 유치원 교사의 유아과학교육 실제. 구성주의유아교육연구, 1(1), 21–52.

Chaillè. C., & Britain. L.(2000). 유아과학교육의 구성주의적 접근 *[The Young Child as Scientist]*. (이종희, 김선영 역). 서울 : 교육과학사.(원저 1997년 출판).

DeVires, R., Zan, B., Hildebrandt, C., Edmiaston, R., & Sales, C. (2007). 구성주의 유아교육교수법. *[Developing constructivist early childhood curriculum: Practical principles and activities]*. (곽향림, 허미화, 김선영 공역). 서울: 창지사.

DeVries, R., & Zan, B. (1997). 유아를 위한 사회도덕교육. *[Moral classrooms moral children]*. (이은화, 이경우, 곽향림 공역). 서울: 창지사.

DeVries, R., & Zan, B. (2012). *Moral classrooms moral children*. New York: Teachers College Press.

DeVries, R., Sales, C.(2014). 경사로 활동을 통한 구성주의 유아 물리과학하기. *[Ramps & pathways ; A constructivist approach to physics with young children*. (이경우, 곽향림, 천선 역). 서울 : 창지사.

DeVries, R., Zan, B. (1994). *Moral classrooms, moral children: Creating a constructivist atmosphere in early education*. New York, NY: Teachers College Press.

Dewey, J. (1979). *Interest and Effort in Education. The Middle Works. Vol.7*. Carbondale and Edwardsville : Southern Illinois University Press. (Original work published 1913)

Dewey, J. (2011). *Interest and effort in education*. Toronto: University of Toronto Libraries.(Original work published 1901)

Piaget, J. (1932/1965). *The moral judgement of the child*. New York: The Free Press, A Division of MacMillan Publishing Co., Inc.

Piaget, J.(1970). *Science of education and the psychology of the child1970 New YorkOrion*.(Original work published 1969)

Piaget, J.(1981). *Intelligence and affectivity: Their relation during child development.* Palo Alto, CAAnnual Reviews. (Original work published 1954)

Selman, R. (1980). The growth of interpersonal understanding. *New York: Academic Press*, *40*(3), 93–118.

구성주의유아교육학회 생각과 나눔 시리즈 **02**

구성주의 유아교육 새롭게 보기 2:

놀면서 만나는 흥미, 실험, 협동

초 판 1쇄 인쇄 2022년 7월 4일
초 판 1쇄 발행 2022년 7월 8일

기 획 | 구성주의유아교육학회
지 은 이 | 양지애 · 김효진
펴 낸 이 | 김기섭
편 집 인 | 이상희
펴 낸 곳 | 창지사 www.changjisa.com
08589 서울시 금천구 가산디지털 1로 83 파트너스타워 1차 9층
전화 (02)719-2211~3
팩스 (02)701-9386
등 록 | 1977년 4월 28일 · 제1-421호

ISBN 978-89-426-1533-9 (93370)

값 13,000원